基于创新能力的
制造业资本富集效应研究

麻丽娜 | 著

JIYU CHUANGXIN NENGLI DE
ZHIZAOYE ZIBEN FUJI XIAOYING YANJIU

·长沙·

图书在版编目(CIP)数据

基于创新能力的制造业资本富集效应研究／麻丽娜著.—长沙：中南大学出版社，2025.2
ISBN 978-7-5487-5541-8

Ⅰ.①基… Ⅱ.①麻… Ⅲ.①制造工业—资本投资—研究—中国 Ⅳ.①F426.4

中国国家版本馆 CIP 数据核字(2023)第 167253 号

基于创新能力的制造业资本富集效应研究
JIYU CHUANGXIN NENGLI DE ZHIZAOYE ZIBEN FUJI XIAOYING YANJIU

麻丽娜 著

□出 版 人	林绵优		
□责任编辑	汪采知		
□责任印制	唐 曦		
□出版发行	中南大学出版社		
	社址：长沙市麓山南路	邮编：410083	
	发行科电话：0731-88876770	传真：0731-88710482	
□印　　装	广东虎彩云印刷有限公司		
□开　　本	880 mm×1230 mm 1/32	□印张 8.25	□字数 200 千字
□版　　次	2025 年 2 月第 1 版	□印次 2025 年 2 月第 1 次印刷	
□书　　号	ISBN 978-7-5487-5541-8		
□定　　价	42.00 元		

图书出现印装问题，请与经销商调换

前 言

制造业是立国之本、强国之基，其创新能力是决定国家竞争力的重要因素，也是经济增长的驱动力量。我国作为制造大国，尽管取得了诸多成就，但仍存在"大而不强""全而不优"的问题，关键核心技术对外依赖严重，在全球价值链中仍处于附加值较低的中低端环节。2019年，中央经济工作会议提出，着力推动高质量发展，推进传统制造业优化升级，增加制造业中长期融资。各地方政府陆续出台相关政策措施和指导意见促进制造业资本富集，为制造业创新发展提供资金支持，但制造业资本富集对资本市场、经济增长及行业资源配置的影响仍有待深入研究和探讨。本书正是基于创新能力的视角对制造业资本富集效应进行研究，全书共分为三个部分。

第一部分是研究问题的提出及相关理论基础，通过介绍研究背景、研究目的和意义、国内外研究现状，提出本书的研究内容和采用的研究方法，并对制造业创新能力和资本富集的相关概念进行界定，对相关理论进行系统阐述。第二部分是制造业创新能力与资本富集的相互作用关系研究，通过PVAR模型对其作用关系和波动传导效应进行实证检验，并基于创新能力视角从理论层面探讨了制造业资本富集的机理，从拉力、引力、推力三个维度构建了制造业资本富集的三维合力模型，为创新能力视角下的资本富集效应研究奠定了理论基础。第三部分主要是从宏观、中观和微观层面探讨制造业资本富集后产生的一系列效应。以行为金融理论为基础，分析制造业资本富集的羊群效应，并采用分位数回归模型、分组回归模型等进行实证检验；以经济增长理论和要素禀赋理论为基础，分析制造业资本富集门槛效应，并运用多元回归分析法、面板门槛回归分析法进行实证检验；以资源配置理论为基础，分析制造业资本富集的资源配置效应，并采用 OP 半参数法、系统 GMM 模型等进行实证检验。本书还在这三部分内容的基础上提出相应的对策建议，并进行全文总结与展望。

本书主要研究结论如下：①制造业资本富集现象是客观存在的，且具有明显的行业异质性和区域异质性，制造业创新能力与资本富集之间存在长期、稳定的均衡关系，二者均表现出依赖自身惯性发展的特征。②从资本市场的角度来说，制造业资本富集具有显著的羊群效应，且在中、高资本富集水平下的羊群效应更为显著；随着制造业创新能力的提升，资本富集所产生的资本市场羊群行为影响程度不断增强。③从经济增长的角度来说，制造业资本富集对经济增长的影响受到创新能力双重门槛效应的制约，其促进作用表现为先增强、后减弱、再增强的发展趋势。④从资源配置的角度来说，制造业资本富集与资源配置效率之间均存在显著的 U 形曲线关系，随着资本富集水平的提升，其资源配置效应由负转正。

目 录

第1章 绪论 1
1.1 研究背景 1
1.2 研究目的与意义 8
1.2.1 研究目的 8
1.2.2 研究意义 9
1.3 国内外研究现状 13
1.3.1 创新能力研究现状 13
1.3.2 资本富集的相关研究 23
1.3.3 创新能力与资本富集关系的相关研究 28
1.3.4 研究评述 32
1.4 研究内容与方法 35
1.4.1 研究内容 35
1.4.2 研究方法 37
1.4.3 技术路线 38

第2章 概念界定与理论基础   40

2.1 创新能力   40

   2.1.1 创新能力的内涵   40

   2.1.2 制造业创新能力   43

   2.1.3 制造业创新能力的影响因素   44

2.2 资本富集   46

   2.2.1 资本的内涵与属性   46

   2.2.2 资本富集的内涵   49

   2.2.3 资本富集的效应   53

2.3 相关理论基础   54

   2.3.1 行为金融理论   54

   2.3.2 经济增长理论   56

   2.3.3 要素禀赋理论   57

   2.3.4 资源配置理论   58

本章小结   60

第3章 制造业创新能力与资本富集的关系   61

3.1 制造业发展现状与创新能力评价   62

   3.1.1 制造业发展现状   62

   3.1.2 制造业创新能力评价   65

3.2 制造业资本富集的现状分析   77

   3.2.1 制造业资本富集的客观性   77

  3.2.2 制造业资本富集的分布情况 79
  3.2.3 制造业资本富集的一般规律 87
 3.3 制造业创新能力与资本富集的关系分析 89
  3.3.1 制造业创新能力与资本富集的逻辑结构 89
  3.3.2 制造业创新能力与资本富集的 PVAR 模型 91
  3.3.3 制造业创新能力与资本富集的波动传导 95
 本章小结 100

第4章 基于创新能力的制造业资本富集机理分析 102

 4.1 制造业资本富集的影响因素 103
  4.1.1 外部影响因素 103
  4.1.2 内部影响因素 107
 4.2 制造业资本富集的动因 112
  4.2.1 制造业资本富集的拉力 112
  4.2.2 制造业资本富集的推力 116
  4.2.3 制造业资本富集的引力 121
  4.2.4 制造业资本富集的三维合力模型 128
 4.3 制造业资本富集的渠道与路径 130
  4.3.1 制造业资本富集的渠道 130
  4.3.2 制造业资本富集的路径 136
 本章小结 139

第5章 制造业资本富集的羊群效应 141

 5.1 理论分析与研究假设 142

5.1.1 羊群效应的理论分析 142
5.1.2 研究假设的提出 144
5.2 研究设计 147
5.2.1 样本与数据来源 147
5.2.2 变量定义与模型构建 147
5.3 实证分析 150
5.3.1 描述性统计 150
5.3.2 实证检验 151
5.3.3 稳健性检验 158
本章小结 162

第6章 制造业资本富集的门槛效应 164

6.1 理论分析与研究假设 165
6.1.1 资本富集与经济增长 165
6.1.2 基于创新能力的资本富集门槛效应 166
6.2 研究设计 169
6.2.1 样本与数据来源 169
6.2.2 变量定义与模型构建 169
6.3 实证分析 171
6.3.1 描述性统计 171
6.3.2 实证检验 173
6.3.3 稳健性检验 178
本章小结 179

第7章 制造业资本富集的资源配置效应　　181

7.1 理论分析与研究假设　　182
7.1.1 理论分析　　182
7.1.2 研究假设的提出　　184

7.2 研究设计　　186
7.2.1 样本与数据来源　　186
7.2.2 变量定义与模型构建　　186

7.3 实证分析　　188
7.3.1 动态演化　　188
7.3.2 实证检验　　190
7.3.3 稳健性检验　　195

本章小结　　198

第8章 制造业创新能力与资本富集良性互动的政策建议　　199

8.1 完善资本市场制度建设　　200
8.1.1 引导资本的有序流动　　200
8.1.2 增强对资本的动态监督　　201

8.2 打造经济发展新引擎　　203
8.2.1 构建制造业创新生态链　　203
8.2.2 强化制造业创新主体地位　　205

8.3 合理配置生产要素　　206
8.3.1 加快生产要素市场化改革　　206

8.3.2 建立制造业资源配置组织系统 208

本章小结 209

第9章 总结与展望 211

9.1 总结 211

9.2 主要创新点 215

9.3 研究局限与展望 217

9.3.1 研究局限 217

9.3.2 研究展望 219

参考文献 220

第1章

绪　论

1.1　研究背景

1. 制造业是国家经济发展的支柱产业

自 1978 年我国改革开放以来，国家政策引导、人口红利及初级生产要素的低成本优势等因素，促进了制造业快速发展，在环渤海、珠三角和长三角等地形成了世界级制造中心，并在短期内发展为世界上规模最大的"制造工厂"，带动了中国经济的高速增长，是现代化和工业化发展的主导力量。根据联合国工业发展组织及国家统计局相关数据，2019 年我国制造业增加值达到 27 万亿元，约为国内生产总值的 30%，占全球制造业增加值的比例超过 28%，且 22 个制造业细分行业增加值均稳居世界前列，连续十年确立了中国制造业第一大国的地位。

从制造业的发展进程来看,自全球金融危机后,以制造业为主的实体经济获得了快速发展,各国相继推出制造业发展战略,如美国"再工业化、制造业回流"战略,通过政府资金与政策支持、贸易保护等措施促进制造业发展;英国"工业2050"战略将制造业作为经济发展的核心,并提出未来趋势是服务与制造相结合的数字化发展,是以生产为中心的价值链;德国"工业4.0"高科技战略计划,强调智能制造、万物互联,巩固其在制造研发领域的优势地位,并进入以智能制造为核心的新阶段和"智能经济"新时代。2012年,我国提出发展先进制造业及战略性新兴产业的规划,确立了制造业在国家经济中的地位和突出作用,并于2015年推出《中国制造2025》行动纲领,进一步明晰了战略目标、主要任务和重大举措,并相继发布制造业五大工程实施指南、两项专项行动指南、四个规划指南等,这对制造业转型升级和创新能力提升具有重要的战略意义。此外,2019年全国两会提出构建工业互联网平台等举措,以提高制造业技术创新水平,通过技术赋能加快中国从"制造大国"走向"制造强国"的步伐。

从世界强国的发展历程可以发现,制造业不仅是人们赖以生存和发展的重要基础,也是一个国家增强综合国力、保障国家安全、发展为世界强国的必然途径,是国家经济发展的支柱。

2. 创新能力是制造业可持续发展的基础

中国制造业的发展早期依赖于土地、低廉的劳动力等资源,是依靠要素投入和低成本竞争优势的粗放型增长模式,在资源利用率、技术创新能力等方面与西方发达国家相比仍然存在很大差距,位于附加值较低的中低端价值链环节。而"四化"(四个现代化,即工业现代化、农业现代化、国防现代化、科学技术现代化)的协调发展,为制造业带来了新的发展空间,同时也带来了诸多挑战,如劳动力成本提升、原材料价格上涨、高能耗导致环境污染严重、资源浪费等。制造业创新能力的提升是国家和社会公众共同关注的问题,也成为解决制造业现实困境的关键。

创新是制造业企业参与市场竞争的基础,也是维持可持续发展的关键,创新驱动逐渐成为工业经济发展的焦点,这意味着大量传统劳动型人员逐渐被少量现代知识型人员取代。为提升制造业创新能力,促进其高质量发展,2015年国务院颁布《中国制造2025》,并制定了相应的发展规划及配套政策,以加强对高端制造业的政策支持。2017年党的十九大提出,创新是发展的第一动力,以创新驱动制造业转型升级是实现可持续发展的基础,也是进入全球价值链中高端环节的重要战略性举措。2019年全国两会提出,将制造业高质量发展作为工作重心,通过技术创新加快建设制造强国。根据国家统计局、财政部的统计数据,近年来我国制造业R&D经费的投入规模不断扩大,其占全行业R&D经费投入的比重从2011年的50.41%增长至2019年的61.14%,具体如图1-1所示。

由图1-1可知,2017年中国制造业R&D经费占全行业R&D经费的比重明显下滑,从67.13%下降至61.19%。其中,高技术制造业和装备制造业的R&D经费投入总额分别达到3182.6亿元和6725.7亿元,制造业企业逐渐通过产品和技术创新向高新技术企业转型。2018年中国制造业R&D经费有所提升,增长幅度达到15.90%,占全行业R&D经费的比重从61.19%增长至

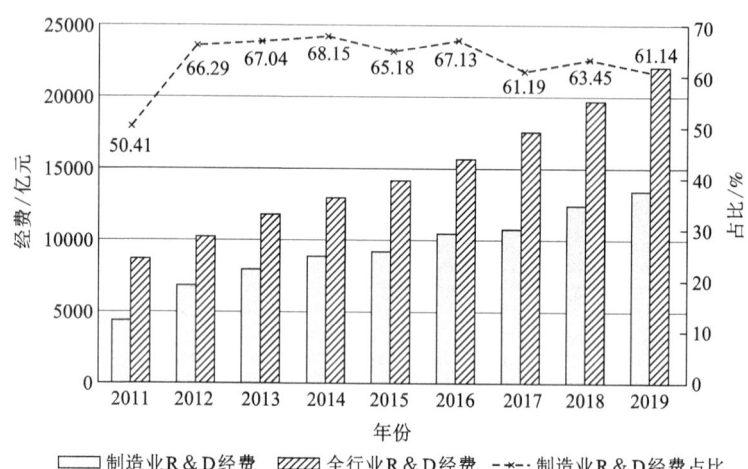

图 1-1 2011—2019 年我国制造业 R&D 经费及其占比

数据来源：国家统计局、财政部等。

63.45%，但福布斯全球最具创新力的百强企业中，中国制造业企业仅有 3 家，排名分别位列第 64、第 90 和第 91，其他排名靠前的企业主要集中于美国、日本、韩国等。尽管我国政府部门与制造业主体越来越重视制造业创新能力，研发投入规模不断扩大，并于 2019 年达到历史最高点，但与其他制造业强国相比，中国研发投入强度仍然低于 OECD 平均水平，也低于韩国同期水平 4.32%，投入结构有待进一步优化（Fan 等，2013）。

此外，中国制造业长期以来依赖于技术引进，并在此基础上进行模仿创新、技术溢出等，导致其发展进入"落后→引进→再落后→再引进"的低循环陷阱（唐未兵等，2014），制造业存在"大而不强"、创新能力不足、关键核心技术对外依赖严重等突出问题。制造业作为国民经济发展的支柱性产业，加大对其创新能力的研究具有十分重要的战略意义。

3. 资本是制造业创新能力的重要保障

随着制造业创新需求的不断增加和劳动力成本的提升，越来越多的制造业企业从成本驱动、市场驱动转向创新驱动，创新投入规模不断加大。由于创新能力受多方因素的影响，且创新能力引起的技术变革大多被物化在新的资本当中，资本的持续积累实际上也是该行业创新或技术进步的反映，Blackburn 和 Cipriani（2005）等明确提出了这一点。因此，资本是制造业创新发展的资金基础，为其提供了重要的物质保障。

制造业高质量发展的核心是产业技术，但关键技术、基础技术需要的研发投入力度较大，且见效缓慢，企业仅依靠自身内部资源将无法满足快速发展的市场要求，创新成本较高。同时，我国资本市场制度尚不完善，制造业企业的融资来源较为单一，资金约束是公认的企业创新瓶颈。创新是国家、民族及社会发展的驱动力量，而金融是创新的血液，与技术创新相伴相生。随着制造业创新发展释放出巨大的市场潜力，加之国家政策利好，如"十三五"规划、党的十九大报告等，通过政府功能营造了良好的制度环境，以此加强金融资源对创新能力的支持，再加之资本的趋利性本质，大量资本不断涌入制造业，创新资本的来源逐渐从依靠企业自身的单一模式转向依靠市场、政府机构及其附属机构等多元化模式，通过政府、资本与企业的三方合作形成资本富集，企业有更多的资本投入创新领域或研发活动。随着资本富集水平的提升，其对创新能力的影响逐渐加深，为企业创新能力的提升提供了重要的物质保障，但同时也应注意，在创新能力无法跟进的情况下，资本富集也可能是无效的（柳卸林等，1993），从而带来一定的负面效应，如资本过剩、资本错配或扭曲、创新资源配置效率较低等。因此，需不断加强制造业资本富集与创新能力的匹配性，充分发挥资本富集的积极效应，促进经济持续发展。

4. 资本富集是资本市场发展的必然结果

资本市场具有资本集聚的功能，能够快速吸收资金并转化为资本进行流动，鉴于资本的逐利性本质和市场竞争规律，资本富集是资本市场发展的必然结果。从市场环境来看，资本市场法律法规体系逐渐完善，证券法、股权分置改革、注册制试点等进一步强化资本市场的融资功能，各类金融衍生产品、资产证券化产品大量涌现，并通过 QFII（合格境外机构投资者）、QDII（合格境内机构投资者）等形式建立了有限度跨境投资的过渡性制度，资本市场运行效率逐渐提升，为资本富集提供了良好的市场环境，进而支持企业的规模化和产业化发展。随着全国性资本市场的建立和发展，我国资本市场投资主体发生了明显变化，机构投资者如投资基金、证券公司、商业银行、保险公司等呈现出总量持续扩大的发展趋势，而且随着投资额度的增加、理财产品的推出、基金发行节奏的加快等，在业务创新能力和规模经济效应的推动下，投资主体不断分化，进一步增强了上市、并购、重组等市场化运作对资本的配置作用，为制造业资本富集提供了重要渠道。从资本富集的利用效率来看，越来越多的创新型企业、大型优质企业进入资本市场，其竞争能力和盈利能力较强，从整体上提高了资本利用效率，促使资本市场从资本集中向资本集聚的纵深演进，并加速流向盈利能力较强的行业或领域，提高资本富集水平。然而，由于资本的边际效用递减规律的存在（Keynes，1936），制造业主体需持续提高其创新能力，拓宽盈利空间，增强对资本的长期吸引力。

5. 资本富集效应有待进一步探索

政府工作报告多次提出"富集"这一概念，资本富集作为制造业创新发展的资金基础，有效缓解了融资约束问题，但关于制造业资本富集效应的研究仍有待进一步探索。一方面，资本富集是资本市场发展的必然结果，在逐利性本质的驱动下，它会不断向更高利润或创新能力的行业集聚，但这也可能作为信号效应传递至其他投资者，资本富集是否会引起资本市场的羊群效应是值得深入探究的问题，这对理解市场投资者行为、促进资本市场的规范化发展等具有启示意义。另一方面，制造业作为国民经济的支柱行业，在经济高速增长向高质量发展阶段转型的关键时期，制造业资本富集对经济增长的影响如何、是否受制造业自身创新能力的制约，以及是否实现了资源的优化配置等，都是亟待解决的现实问题，而解决这些问题对推动制造业创新战略实施和中国经济转型升级有重要作用。

综上所述，有必要从创新能力的视角对制造业资本富集的内涵进行清晰界定，并在此基础上，构建制造业创新能力与资本富集之间的逻辑分析框架，揭示制造业资本富集的机理，并对资本富集之后所产生的羊群效应、门槛效应及资源配置效应等进行深入研究。

1.2 研究目的与意义

1.2.1 研究目的

自《中国制造 2025》实施以来，制造业创新能力得到了快速提升，在国家政策引导和资本逐利性本质的驱动下，大量资本逐渐涌入制造业，有效缓解了制造业融资约束问题。然而，现阶段中国制造业创新能力水平如何、资本是否存在富集现象、资本富集的一般规律及资本富集带来的影响效应如何，这些都是亟待解决的现实问题。因此，本书从创新能力与资本富集的视角出发，围绕以下核心问题进行深入研究和探讨。

(1) 系统阐述创新能力与资本富集的关系。首先，构建制造业创新能力评价体系，并基于熵权法进行综合评价和不同行业的比较分析，为政府或其他主体评估制造业创新能力奠定理论基础和决策参考。其次，对资本富集进行概念界定，从不同投资主体的视角揭示当前中国制造业资本富集水平，归纳整理资本富集的一般规律，并对制造业创新能力与资本富集的关系进行分析，包括从理论层面阐述创新能力与资本富集的作用机理，从实证层面对二者的关联性和波动传导关系进行检验，从而为创新能力视角下制造业资本富集效应的研究提供理论基础和经验数据。

(2) 揭示创新能力视角下制造业资本富集的作用机理。通过分析制造业资本富集的内、外部影响因素，探索制造业资本富集的动因，并构建资本富集的三维合力模型，厘清各因素之间的内在关联。在理论分析的基础上,结合现实数据厘清制造业资本富集的渠道,提出制造业资本富集的资源依赖路径、技术创新路径和政策依赖路径。

(3)探究创新能力视角下制造业资本富集的效应。基于羊群行为理论,从宏观层面分析制造业资本富集给资本市场带来的羊群效应,以更好地理解投资者行为;基于经济增长理论和要素禀赋理论,从中观层面分析制造业资本富集对中国经济发展的双门槛效应,为推动中国经济转型升级提供理论支撑和经验数据;基于资源配置理论,从微观层面分析制造业资本富集对自身发展的资源配置效应,为提高资源配置效率、实现制造业创新发展提供实践启示。

1.2.2 研究意义

本书结合企业创新理论、创新能力理论、资本积累理论,基于创新能力的视角构建制造业创新能力与资本富集的逻辑分析框架,对二者的相互作用机制进行理论分析和实证检验;在此基础上,剖析制造业资本富集的影响因素和动力因素,建立资本富集的三维合力模型;结合行为金融理论、经济增长理论、要素禀赋理论及资源配置理论,对制造业资本富集效应进行研究。本研究具有一定的理论意义和现实意义。

1. 理论意义

(1)通过构建制造业创新能力与资本富集的逻辑分析框架,可以丰富研究议题,深化创新能力理论和资本积累理论的研究内容。一直以来,创新与资本的关系都是理论和实践界关注的热点问题，国内外学者从社会资本、人力资本、智力资本等维度对二者的关系展开了广泛研究，并取得了诸多研究成果，但主要集中于资本对创新能力的影响，较少从创新能力的视角探讨其对资本市场资本流向的影响，以及二者的相互作用关系。很多被广泛引用的结论主要来自对企业层面的经验分析，且资本富集的概念界定尚不统一，关于制造业创新能力与资本富集之间的相互作用关系缺乏深入、系统的研究和探讨。本书在理论研究的基础上，分析了资本的内涵和属性，从资本流动的视角对资本富集进行了概念界定，强调了资本主动流向某一行业或领域的客观性。本书还通过对制造业创新能力和资本富集进行测度，验证了制造业资本富集现象存在的客观性，并在此基础上构建了制造业创新能力与资本富集的关系模型，对二者的相互作用机制进行了理论分析和实证检验，进一步丰富了现有研究议题。

  本书深入考察了制造业创新能力与资本富集的内在作用机制，从宏观视角分析了制造业资本富集效应的成因，率先将制造业资本富集与羊群行为直接联系起来，将资本富集视为其向投资者释放的信号，进而解释其所产生的决策连锁反应现象，突破了对资本市场羊群行为的现有研究范畴，并采用分位数回归模型揭示了制造业不同资本富集水平和创新能力下羊群行为的程度，在理论上拓展了行为金融理论在中国资本市场的运用；从中观视角探讨了基于创新能力的制造业资本富集与经济发展的双门槛效应，对最大限度地发挥资本富集在经济增长中的促进作用更具有理论价值，是对现有文献的重要补充和推进；从微观视角分析了资本富集对制造业资源配置效率的影响，提供了完整的逻辑框架和实证证据，且采用动态和静态面板模型考察了资本富集对资源配置效率的曲线关系,缓解了二者的内在因果导致的内生性问题,是对现有研究方法的改进。因此,本书全方位、多角度地阐述了制造业资本富集效应,进一步丰富和完善了现有文献。

(2)通过系统阐述制造业资本富集机理及资本富集效应,可以促进资本积累理论的系统化发展,丰富现有研究方法。

现有研究关于制造业是否存在资本富集现象缺乏理论和数据支撑,对制造业资本富集的作用机理如何也鲜少涉及。本书以制造业创新能力为出发点,探索性地阐明了基于创新能力的制造业资本富集机理,形成了相对系统的研究体系。首先,从不同投资主体的视角对制造业资本富集的资本来源进行统计分析,包括制造业整个行业的资本分布、各细分行业及不同地区的资本分布,探索资本富集的一般规律及内外部影响因素,将其归纳为投资环境、国家政策导向、经济发展水平、贸易壁垒等外部影响因素和研发投入、劳动力素质、要素禀赋与要素价格等内部影响因素。其次,分析资本富集的动因,构建基于创新能力的制造业资本富集的拉力、推力和引力三维合力模型,进而提出制造业资本富集的渠道和一般路径,包括单一化的以政府为主导的渠道和以市场为主导的渠道、资源依赖路径和技术创新路径等,这是对资本积累理论的有益补充和深化发展。此外,本书在对资本富集效应的研究中,分别采用了分位数回归模型、双门槛回归模型、GMM模型等方法,进一步丰富了制造业资本富集相关的研究方法。

2. 现实意义

(1)本书研究成果可以为制造业创新驱动战略实施提供富有启示性的思路。

本书结合中国制造业发展现状和存在的问题，对制造业整体行业及28个细分行业的创新能力进行了综合评价，能够为各主体评估制造业创新能力提供理论参考和方法借鉴。在此基础上，本文厘清了制造业创新能力和资本富集之间的相互作用关系，同时考察了二者的波动传导机制，相关结论能够为促进制造业创新能力与资本富集的良性循环提供理论支持，进一步落实制造业创新驱动发展战略，顺利实现制造业转型升级。

（2）本书研究成果可以为制造业资本富集提供理论基础和路径支持，引导资本有序流动，缓解制造业融资约束。

本书分析了制造业资本富集的内外部影响因素、资本富集的动因、资本富集的渠道和路径，揭示了制造业资本富集的内在规律，为缓解制造业融资约束问题提供了理论基础和经验数据，也为国家政策制定提供了一定的理论依据。对制造业创新能力与资本富集关系的研究，能够促使制造业以创新为导向，不断提高行业创新水平，具有积极的现实意义。

（3）本书研究成果可以为制造业资本富集效应评估提供依据，以更好地理解资本市场投资者行为，发挥对经济增长的促进作用，实现行业资源的优化配置。

本书分别从宏观、中观和微观层面考察了制造业资本富集的效应，层层递进，得到了较为深入、细致的研究结论，并提出基于创新能力的羊群行为是投资者的"理性"行为，对理解资本市场投资者的行为具有重要启示作用；对创新能力双门槛效应的研究能帮助制造业企业致力于提高自身创新能力，增强对资本的吸引力，更好地发挥资本的边际贡献；对资源配置效应的研究对提高制造业资源配置效率和行业核心竞争力有现实指导作用。在此基础上，本书从完善资本市场制度建设、打造经济发展新引擎、合理配置生产要素三个层面提出了相应对策建议，对促进资本市场的规范化发展、中国经济的高质量运行，以及制造业资源的优化配置等具有重要的现实意义。

1.3 国内外研究现状

1.3.1 创新能力研究现状

创新是增强企业市场竞争力的主要途径，也是一个动态的、持续不断的过程，具有较高的复杂性及不确定性。通过梳理现有文献发现，国内外学者在理论和实践发展的基础上对创新能力进行了广泛研究和探讨，并围绕创新能力的构成要素、创新能力的影响因素、创新能力的评价方法等展开了大量研究，如图1-2所示。

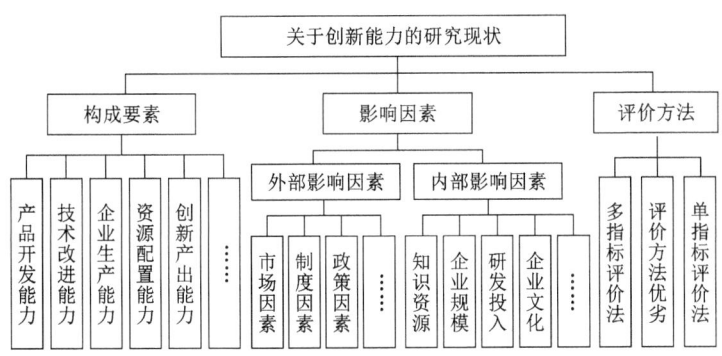

图1-2 关于创新能力的研究现状

1. 创新能力的构成要素

Larry E. Westphal 于 1981 年提出，创新能力是由产品开发、技术改进、生产能力、知识储备及组织能力等构成的。Burgelman 和 Maidique(1988)则将创新能力分为资源获取与资源配置能力、战略管理能力、产业与技术发展预测能力，并指出这是企业创新战略实施的综合能力。李垣和汪应洛(1994)对技术创新的动力进行分析，将其划分为利益要素、能力要素、权力要素，并指出这些要素之间相互作用、相互制约共同构成创新的动力，在外部需求和技术推动下促进企业创新行为，并转化为创新成果。傅家骥(1999)指出创新是对组织生产条件和生产要素的重新组合，是涵盖科技、组织、金融及商业的综合过程，进而获得经济效益。胡恩华(2001)指出创新能力包含六个维度，即研发能力、投入能力、管理能力、制造能力、实现能力和销售能力。魏江和徐蕾(2014)从工艺创新和产品创新两个方面进行分析，指出创新能力是促进企业创新战略实现的重要途径。Yam 等(2011)对制造业技术创新能力展开分析，并将其归纳为 R&D 能力、资源分配能力、学习能力、生产和营销能力、组织及战略规划能力等。张军和许庆瑞(2017)从变异感知能力、信息诠释能力、创新决策及实施实现能力四个维度展开研究。

现有学者尽管对创新能力构成要素的划分标准和定义不同，但都认为创新能力的形成是多方面因素综合作用的结果，是各类要素有机结合形成的一个系统，且主要集中于创新投入、创新实施及创新产出能力等方面。

2. 创新能力的影响因素

(1)外部影响因素。

一是市场因素。市场因素是影响创新能力的重要因素(Jaakkola,2015)。唐要家和唐春晖(2004)、黄基伟和于忠鑫(2011)分别对市场化程度与创新效率和创新能力的关系进行研究,他们指出开放的市场环境有利于提高创新效率和创新能力。从金融市场的视角来看,Hyytinen 和 Toivanen(2005)、Quadrini(2009)分别采用选择模型和理论模型对金融抑制与创新活动的关系进行了研究,结果表明金融抑制增加了企业融资成本,给创新速度或创新活动带来负面效应。Gehriger(2013)、石璋铭和谢存旭(2015)等也证明了上述结论。由于金融抑制,银行信贷资金主要流入创新不足的国有企业或规模较大的企业,创新投入和产出效果较差,而非国有企业为了创新活动的开展,往往采取寻租、非常规金融或其他借贷渠道获得金融资源,影响企业创新能力(韩磊,2018),这也体现了国家金融资源的错配。金融资源错配对企业创新活动有阻碍作用。李晓龙等(2017)以高技术企业为研究样本,通过实证分析,指出金融要素错配或扭曲严重阻碍了高技术企业的创新投入。Bianchi(2010)认为信贷资金是创新的关键要素,但信贷资金错配导致资金流向创新能力较低的国有企业,而创新能力强的民营企业因缺乏资金,不得不减少创新投入(王贞洁,2017)。

金融市场深化改革可减轻政府的过度干预和管制,通过市场化配置有效引导资本流向,促进技术创新。Xiao 和 Zhao(2012)通过调查 46 个国家的金融数据,发现削弱政府对银行的控制有利于激发企业创新行为,反之将阻碍企业创新活动。Bianchi(2010)、丁一兵等(2014)均认为放松融资约束能够激发企业技术创新的积极性,且前者指出在不存在金融抑制的情况下,信贷资金配置效率将得以提升,资金将流向最具有创新精神的企业家。Chava 等(2013)、Cornaggia 等(2015)研究指出金融深化对创新水平提升有显著的正向影响,且蔡竞和董艳(2016)发现非国有银行对中小企业的创新驱动功效更强。但也有学者认为金融自由化可能给创新活动带来负面效应(李后建和张宗益,2014;Ang,2014;张杰等,2017),原因在于金融自由化可能会减少储蓄资金量,不利于金融体系稳定,并且中国金融体系的创新支撑作用尚未见成效。

二是制度因素。张宗和与彭昌奇(2009)率先将市场化因素纳入区域创新能力的实证研究模型,对全国 30 个地区的创新能力进行评价,研究指出企业内外部制度性因素对创新能力有显著影响。在金融制度方面,Bianchi(2010)的研究指出金融制度影响企业创新活动,在金融制度发展滞后的区域,信贷资金配置阻碍了企业创新活动,在金融制度发展良好的区域,受益于完善的金融体系和金融功能,可引导资金流向具有创新需求的企业。Aghion 等(2012)、Gorodnichenko 和 Schnitzer(2013)、Ezzahid 和 Elouaourti(2017)等认为在金融发展滞后的区域,企业倾向于从事短期获利的投资项目,这影响了企业创新投入水平。国内的鞠晓生和谭琦(2015)研究发现多元化金融体系改革有利于降低企业资金获取门槛,促进企业开展创新活动。此外,张恒梅(2015)、赵旭梅(2015)、李爽(2017)、操龙升和赵景峰(2019)等指出专利制度、技术创新制度等也会影响企业创新能力,完善的制度可以为行业发展和技术创新提供良好的空间。

三是政策因素。关于政策与创新能力关系的研究结论存在较大差异，大体包括正相关、负相关和复杂相关三类。其中，樊琦和韩民春（2011）对政府与创新能力之间的关系进行分析后发现，政府资金投入有利于对企业创新活动进行科学引导，进而促进企业创新效率。冯宗宪等（2011）指出政策支持对企业创新能力有显著的负面影响，原因在于政府支持资金的使用效率较低，而市场化程度与创新技术效率正相关。肖文和林高榜（2014）指出政府与企业之间的目标冲突，导致政府政策可能与企业研发活动存在脱节现象，不利于提高企业创新效率。李苗苗等（2014）对战略性新兴产业的创新能力进行分析后发现，财政政策与创新能力之间存在复杂的影响关系，过松或过紧的财政政策均不利于企业创新能力提升，而研发经费与创新能力存在简单的正相关关系。

随着生态环境恶化，国家和政府部门加大了环境规制力度。江珂和卢现祥（2011）对环境规制与企业创新之间的关系进行研究，指出二者的相关性较弱，且在人力资本的作用下呈现区域异质性特征，具体表现为在东部和中部地区正相关，在西部地区不相关。张慧明等（2012）、余东华和胡亚男（2016）对"波特假说"进行再检验，后者研究发现环境规制对制造业创新能力的影响存在显著的行业性差异，在重污染行业二者显著负相关，在中度污染行业环境规制政策有利于提高企业创新能力，在轻度污染行业二者存在 U 形关系。杨朝均等（2018）以工业绿色企业为研究对象，发现不同程度的环境规制对创新能力的影响不同，且存在明显的区域性差异。陈宇科和刘蓝天（2019）的实证研究结果表明环境规制强度影响着企业的创新质量,具体表现为当企业规模处于较低门槛时,二者在东部地区显著正相关;而企业规模超过门槛值后,二者在东部、中部和西部地区均显著正相关。

(2)内部影响因素。

根据传统资源基础理论,企业内部资源的异质性是形成关键竞争力的重要来源,企业应拓宽网络范围,通过知识网络和异质性地位获取多样化的能力(Doving 和 Gooderham,2008)。

一是知识资源。知识作为企业创新活动的关键资源,发挥着重要作用。Zhang 和 Li(2010)对高科技集群企业进行研究,结果表明构建企业与技术服务机构的知识网络有利于组织之间的知识整合与转移,推动企业产品创新。Lydia(2005)、贾生华等(2008)研究发现,知识流动和知识转移效应能够显著提高企业技术能力。魏江和徐蕾(2014)以制造业产业集群为研究对象,指出知识网络的双重嵌入与创新能力呈正相关,并分析了知识网络、知识整合与创新能力的关系,指出知识整合在其中发挥了中介效应。李玥等(2017)基于企业知识整合的视角对企业创新能力的影响因素进行分析,认为知识整合是企业根据创新发展不同阶段的知识需求和知识资源进行重新配置的过程,有利于提高企业知识积累水平和创新能力,塑造企业竞争优势。

二是企业规模。周黎安和罗凯(2005)采用动态面板模型进行分析,指出企业规模扩大有利于提高创新能力,但在国有企业并不显著,表明企业规模对创新能力的促进作用依赖于企业治理结构。Laforet(2013)指出规模小的企业创新动力更强,主要得益于知识产权保护和创新特许收费制度等政策优势。Zhang 和 Guan(2018)等学者对企业规模与创新能力的关系进行探讨,指出企业规模扩张提高了企业研发投入水平，有利于进一步促进企业创新效率提升。陈宇科和刘蓝天（2019）基于环境规制强度的视角进行分析，发现企业规模在环境规制强度与创新质量方面发挥了间接影响作用，当企业规模超过一定门槛值时，其对各区域创新质量有显著促进作用。

三是研发投入。曹洪军等（2009）指出企业创新并非一蹴而就，而是不断积累的过程，其主要影响因素为企业研发投入和产出能力、创新意识、创新活动方式及管理能力，并将研发投入作为衡量创新能力的关键指标之一。李玥等（2017）以智能装备制造业企业为研究样本，指出除知识流动会影响企业创新能力外，研发投入也对企业创新产生了显著促进作用。陈思等（2017）对风险投资与企业创新能力之间的影响机制进行探究，并采用双重差分法进行实证检验，发现风险投资资本的进入有利于扩充企业研发团队，引进更优质的行业资源与行业经验，进而提高企业创新能力。梁圣蓉（2019）着眼于国际研发资本的视角进行分析，发现FDI研发资本投入对技术创新效率有显著正向影响，且相较于国内研发资本更为显著。

四是企业文化。企业文化反映了企业在一定时期内的价值观念和经营理念，是价值认同与行为模式等相互融合而成的统一价值观体系和行为模式。陈锋（2009）对企业文化与创新能力之间的关系进行研究，认为企业文化主要通过激励机制、协调机制发挥作用，通过促进企业创新战略、组织、技术、制度等要素的协调统一，提高企业创新能力。许婷和杨建君（2017）的实证研究结果表明，企业文化在股权激励、创新动力与创新能力中具有显著调节效应，创新型和官僚型企业文化分别具有正向和负向调节作用，这为创新能力的研究提供了新的视角。

此外，也有学者提出，盈利能力（白旭云等，2012）、所有权性质（唐要家和唐春晖，2004）、所有权结构（李小平和李小克，2017；顾露露等，2017）、企业战略与组织结构（马宗国，2019）等内部因素也会影响创新能力。

3. 创新能力的评价方法

现有学者采用的评价方法，大致可归纳为单指标评价法和多指标评价法。

（1）单指标评价法。

企业创新能力的评价指标使用较多的是专利数量。杨明海等（2017）、Ardito 和 Diego（2018）、金成（2019）认为专利授权数量在衡量企业创新能力方面具有通用性和一致性，且具有数据易得、客观性强等优点，因此在创新能力评价中得到广泛应用。然而，王然等（2010）指出中国专利保护制度尚不完善，专利授权数量这一指标易受人为因素的干扰或影响，专利申请量更加准确。钟宇翔等（2017）分别以专利授权率和专利申请数衡量创新数量和创新质量。梁晓捷和王兵（2017）对中国钢铁产业进行分析，并从创新方向、效率和质量三个层面评价其创新能力，发现该产业专利数量增长较快，但存在创新方向单一、创新成果较少等瓶颈问题。然而，由于并非所有的创新都能通过专利申请或授权数量予以衡量（Busea 等，2010），不同国家或行业之间的专利申请条件存在差异，可能导致高估或低估企业创新能力（Flor 和 Oltra，2004），因此，专利数量并非经济学意义上的创新。

王伟光等（2010）对中国企业专利转化率进行统计分析，指出中国专利转化率较低,专利推广能力较差,专利数量无法真正反映企业创新能力。鉴于创新能力的商业化,Acs 和 Audretsch(1988)采用新产品种类和数目衡量企业创新能力。曹勇和秦以旭(2012)提出,企业的市场化压力有利于推动创新成果商品化和研发市场化,用新产品销售收入衡量企业创新能力具有一定的合理性。Pellegrino 等(2012)、白俊红和蒋伏心(2015)选用新产品销售收入这一指标对创新能力进行衡量。林炜(2013)选取新产品产值进行衡量。此外,创新能力的评价指标还包括研发费用、创新资金投入等。

(2)多指标评价法。

通过归纳整理现有文献发现,越来越多的学者采用多指标法对创新能力进行测度。吴延兵(2012)从创新投入与创新产出的视角进行分析,其中,创新投入包括企业研发和技术投入,创新产出包括发明专利数、实用新型专利数、新产品销售收入等。李妃养等(2018)从创新投入、创新产出、创新环境及协同创新等维度进行分析,并基于主成分分析法展开了综合评价。

创新投入包括 R&D 经费投入、R&D 人员投入等,创新产出包括新产品产值、专利申请数或科研项目数等(薛永刚,2018)。但也有学者认为,企业创新存在一定的道德风险,且不确定性较大,创新投入并不必然带来新的产品或新技术(Kleinknecht 等,2002),且一些中小企业研发投入较少甚至为零,因此无法对所有企业创新能力进行评价。支军和王忠辉(2007)从创新动力(战略意识、学习时间、决策方式等)、创新投入(经费和人员投入)、创新过程(研发、设计、新产品开发与销售)、创新绩效(技术转让收入、创新产品出口规模、新产品产值等)四个方面进行衡量。

陈继勇等(2010)指出创新能力包括新知识、新技术的生产能力和转化为经济价值的能力,并从创新数量和创新质量两方面进行衡量。此外,也有学者采用功效系数法、模糊数学法、集对分析法、粗糙集法、最优脱层法、核密度估计法等方法对创新能力进行综合评价。

国内外学者对创新能力的评价存在日趋复杂化、全面化的趋势,根据现有文献,本文将评价方法进行归纳整理,如表1-1所示。

表1-1 创新能力评价方法及文献来源

评价方法	文献来源
DEA法	Dadura和Lee(2011)、Chen等(2013)、Wang等(2016)、寇小萱和孙艳丽(2018)、张永安和鲁明明(2019)
熵权法	王洪庆和侯毅(2017)、张立恒(2019)
AHP法	Bo等(2002)、吕一博和苏敬勤(2009)
主成分/因子分析法	高月姣和吴和成(2015)、周文泳和项洋(2015)
TOPSIS法	Cheng和Lin(2012)、杨昌辉等(2015)、符峰华等(2018)
灰色关联度法	徐辉和刘俊(2012)、陈战波和朱喜安(2015)
加权平均法	Heng(2011)、唐孝文等(2019)
问卷调查法	Valentine(2010)、张军和许庆瑞(2018)
知识生产函数法	Wang(2014)、李廉水等(2015)
突变级数法	李柏洲和苏屹(2012)、杜丹丽和曾小春(2017)
组合赋权法	Lin等(2011)、刘利平等(2017)

注:作者根据现有文献整理所得。

1.3.2 资本富集的相关研究

资本富集是资本市场发展的必然结果,为制造业创新发展提供了重要的物质基础。通过梳理现有文献发现,目前学术界关于资本富集的研究较少,主要集中于资本积累方面,这为资本富集的研究提供了基础。随着资本积累程度的提高,其带来的资本、技术进步、先进管理方式、信息化等使得更高级生产要素向行业集中,有利于行业主体产生更高的经济效益,加速资本富集。现有研究大致可归纳为资本积累的路径、资本积累的影响因素、资本积累与经济增长的关系等。

1. 资本积累的路径

从资本积累的产业发展路径来看,其大致经历了资源依赖、资本依赖及技术依赖三个阶段。首先,为满足人民基本生活和消费需求,烟草、食品、纺织等劳动密集型产业获得了快速发展,相较于其他资本,低廉的劳动力成本优势促进了中国与其他国家或地区之间的资源转移,形成了最初的资本积累并带动了经济增长。其次,能源、钢铁、水泥等重工业通过前期资本积累进行扩大再生产,发展为资本密集型产业,但也造成了工业产能过剩的突出问题,迫使劳动和资本密集型产业进行技术革新。国内外学者逐渐将技术创新作为生产要素纳入经济增长模型,在创新导向下资本积累速度增加、周期缩短,并逐渐向以汽车、高端装备制造业等为主的技术密集型产业过渡。

2. 资本积累的影响因素

国内外学者关于资本积累影响因素的研究主要围绕实物资

本积累的影响因素、社会资本积累的影响因素和人力资本积累的影响因素等方面展开。

(1)实物资本积累的影响因素。

实物资本积累是国家经济稳定发展的根本条件,能够带动公共服务、原材料、金融与保险业生产和消费等的发展,创造更多的就业机会。通过梳理国内外研究成果发现,对实物资本积累影响因素的研究侧重于金融流量和金融存量视角,且未形成统一的研究结论,大致分为金融化与资本积累正相关(Aglietta 和 Breton,2011;Davis,2018)、负相关(Demir,2009;张成思和张步昙,2016;杜勇等,2017;文春晖等,2018)、不相关(Kliman 和 Williams,2014)。此外,蔡中华等(2001)研究发现收入分配通过直接影响投资率对资本积累产生作用,较高的投资率是资本得以积累的关键因素,且在不同融资模式下存在差异性(韩丹,2001)。由于我国区域经济发展的不均衡性,在生产总值较低的中西部地区,资本存量增长较为缓慢(金戈,2012)。

(2)社会资本积累的影响因素。

社会资本主要存在于人际关系结构中,其表现形式包括社会信任、信息网络、多功能社会组织等(Bjornskov,2006)。根据世界银行的定义,社会资本是支配人们行为的组织结构、关系、态度和价值观念等社会资源,能够克服资本市场信息不对称导致的道德风险和逆向选择(Gomez 和 Santor,2001)。其影响因素有新型社会网络结构(林南,2005;王春超和周先波,2013;Gee 等,2016)、城镇化发展水平(刘传江,2014)、外部环境资源(Banjo 等,2017)等。此外,也有学者基于企业家社会责任、互联网技术、市场化程度等视角对社会资本积累进行研究。

（3）人力资本积累的影响因素。

美国学者 Walsh 提出"人力资本"这一概念,将其界定为劳动者知识和技能,认为其是有着经济价值的资本。随后,国内外学者对人力资本的范畴进行了进一步的补充和完善,包括工作能力、劳动者素质、高技能复合型人才、教育及科研等方面的投资。人力资本积累能够缓解实物资本不足带来的困境,并产生经济价值(Czaller,2017)。其影响因素主要包括家庭与公共教育经费投入(Glomm,2003;张同功等,2020)、技术进步与生产率(陈维涛等,2014)、经济增长(Cavalcanti 和 Giannitsarou,2017)、城镇化规模(Bertinelli,2008)、收入分配(刘海英和赵英才,2005;郭东杰和魏熙晔,2020)、吸收 FDI(Long 等,2007;时慧娜,2012;吉生保等,2020)等。现有对人力资本积累影响因素的研究主要围绕单一因素或多个因素,缺少对人力资本影响强度的分析,且研究较为分散,并不系统。

3. 资本积累与经济增长的关系

国内外学者对资本积累与经济增长之间的关系展开了广泛、深入的分析和探索,研究结论大致分为以下几类:资本积累显著促进经济增长、资本积累非显著促进经济增长、资本积累促进作用呈现出区域异质性等。本书对现有文献进行归纳整理,结果如表 1-2 所示。

在实物资本与经济增长之间的关系方面,汤向俊(2006)指出经济增长主要得益于物质资本的积累,但随着人力资本的增加,物质资本积累产生的积极影响逐渐减弱。杜丽永(2011)运用省级动态面板数据模型进行研究,发现资本积累与长期 GDP 之间存在显著的增长效应,这种效应在西部地区更为显著,而在东部和中部地区较弱,且不稳定。这一结果表明,资本积累在经济发展的不同阶段、不同区域内的作用形式和路径可能存在差异。冷成英和匡绪辉(2019)从投资率的视角进行分析,实证结果表明,近年来大多数地区投资率随资本积累水平的提升而不断下降,不利于经济的长期增长。

表1-2 关于资本积累与经济增长的实证研究结果

研究视角	主要观点	文献
实物资本	正相关	汤向俊(2006)
	正相关,存在区域差异性	杜丽永(2011)
	负相关	冷成英和匡绪辉(2019)
社会资本	正相关	Ishise 和 Sawada(2009)、崔巍(2019)
	正相关,存在区域差异性	梁双陆等(2018)
	负相关	Putnam(2000)、Bartolini 和 Bonatti(2008)
人力资本	正相关	梁超(2012)、李杏和侯佳妮(2018)、徐常健(2020)
	不相关	赵康杰和景普秋(2014)
	倒 U 形曲线关系	戴翔和刘梦(2018)

注:作者根据现有文献整理所得。

基于社会资本的视角来看，Ishise 和 Sawada（2009）对全球范围内的社会资本积累进行实证研究，结果表明其对经济增长的贡献率达到 19.11%。但梁双陆等（2018）认为资本积累带来的经济增长效应有明显的区域差异，在中、西部地区显著高于东部地区，其作用路径在于通过技术创新提高经济产出。也有学者认为社会资本主要通过影响非正式制度、金融发展水平、收入水平及人力资本等直接或间接作用于经济增长（Akcomak 和 Weel, 2009；严成樑, 2012）。其中，崔巍（2019）综合分析了人力和社会资本对经济发展的促进作用，发现人力资本积累有利于提高社会信任水平，整合社会资源，进而建立相互合作、互惠的现代化经营环境，促进经济增长。而 Putnam（2000）、Bartolini 和 Bonatti（2008）等认为在社会资本积累水平较低时，经济增长速度较快，但长期来看经济增长会逐渐被社会资本侵蚀，呈现负相关关系。

关于人力资本视角与经济增长之间的关系，国内外学者进行了有益探究。梁超（2012）、李杏和侯佳妮（2018）认为人力资本积累主要通过技术创新推动经济发展，如提高企业技术效率、创新能力、技术进步等。徐常健（2020）立足于劳动者报酬的视角进行分析，指出人力资本积累与劳动者报酬交叉作用于企业生产效率、管理效率和技术效率，通过提升产品质量和规模经济发挥"追赶效应"，进而提高经济发展水平。赵康杰和景普秋（2014）以资源依赖型区域为研究样本，发现在资源依赖程度较高的区域，经济增长主要依赖物质资本积累，而人力资本的贡献较弱，尚未形成经济增长的驱动力。戴翔和刘梦（2018）重点从要素质量匹配的维度对制造业人力资本积累进行分析，实证结果表明，单一的人力资本要素与经济增长呈倒 U 形关系，在同时考虑人力资本、技术及制度等因素的匹配效果后逐渐转化为显著的正向促进作用。

1.3.3 创新能力与资本富集关系的相关研究

1. 资本富集对创新能力的影响

资本是技术进步的重要因素，也是决定创新能力的关键资源，资本的空间配置与流动进一步提高了劳动力等其他资源要素的再配置和利用效率（赵善梅和吴士炜，2018）。Silva 和 Carreira（2011）的实证研究结果表明，创新资金缺乏将导致创新项目实施的概率降低，融资约束阻碍了企业研发投入与创新产出。在资金供给非完全市场化的金融环境下，企业创新能力受资金供给的约束较大，企业不得不采取商业信用或其他渠道获得资金支持。张浩然和李广平（2017）也指出生产效率或技术进步依赖于资本的不断富集。

在企业生产过程中，创新与资本富集相互支撑。资本为创新活动的开支提供物质基础（任力，2014），创新则通过改进劳动生产率促进资本富集。魏枫（2009）研究指出，高储蓄、高投资的资本驱动模型对技术进步的积极影响具有阶段性，发展中国家可通过自身研发或引进先进设备促进技术发展。赵志耘等（2007）发现基于设备资本的技术进步是推动经济增长的典型事实，并指出资本积累与技术进步二者相辅相成。Aghion 和 Howitt（2007）综合运用熊彼特增长模型与新古典式增长模型，进一步强调了包含在资本中的技术进步对经济增长的影响。Caragliu 和 Nijkamp（2014）构建了资本与技术创新的增长模型，指出新技术需要物质资本或认知资本的支持，强调了二者的融合关系。王昊等

(2017)围绕着 OECD 国家的劳动生产率进行探究,发现在较高资本积累水平下其稳步提升的关键在于技术进步。陈俊(2018)基于 DEA-Malmquist 指数法进行研究,发现偏向资本的技术进步有利于提高资本回报率,加速资本的集聚,并反过来影响资本偏向的技术进步,二者相互作用。孔宪丽等(2015)指出技术进步往往与资本投资和劳动力资源的积累耦合,并通过实证研究发现偏向资本的技术进步有利于提高最优资本密集度。但也有学者研究指出,引进外资和资本要素弱化了其对技术创新的促进作用,以投资驱动的创新发展模式将导致企业创新能力低下,与市场需求脱节(柳卸林等,2017)。

本书认为,在新思想或创意形成之初,企业或行业吸引到的资本是有限的,创新能力增长率呈渐进型变化,曲线变化相对平缓,如图 1-3 中对应的 A 发展阶段所示;在资本自身的逐利性本质和国家政策支持(如税收优惠、扶持政策等)下,资本的注意力开始投向有创新能力的企业或行业,导致市场上大部分资本向该领域汇聚,形成资本富集现象并脱颖而出,有利的"资本分子"不断扩大,不利的"资本分子"得以消除,通过激发企业或行业创新活力,吸引更多的资金、技术、人才等资源,为创新能力增长提供有力支撑,有利于实现资本富集放大效应,并产生更大的引力作用,增长曲线开始出现大幅度上移,较为陡峭,如图 1-3 中对应的 B 发展阶段所示;但当资本富集到一定规模后,资本量超出创新投入所需,可能出现资本闲置或剩余,资本无法完全发挥效用,这一阶段创新能力的增长趋于 0 或出现下降趋势,资本富集基本保持稳定或开始下降,如图 1-3 中对应的 C 发展阶段所示。

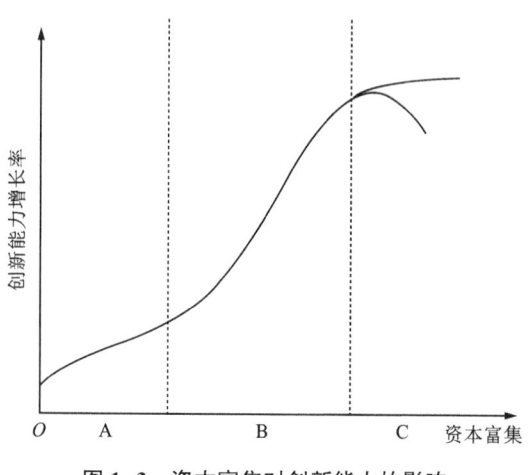

图1-3　资本富集对创新能力的影响

2. 不同类型或区域资本富集对创新能力的影响

资本是创新活动顺利开展的关键,资本富集不仅缓解了企业或行业创新活动的资金需求,其趋利性本质也推进了创新活动的顺利开展,直接影响创新能力。然而,不同类型或地区的资本富集对创新能力的影响可能存在差异。

何国华和商登(2012)对比分析了自有资金、政府资金、金融资金与外商资金对创新能力的影响,发现自有资金对创新能力的影响最大,政府和金融资金分别对实用新型专利、发明专利的支持作用较大。此外,不同地区创新活动对资金的依赖程度不同,东部地区主要依赖金融资金,中西部地区主要依赖自有资金和政府资金。何国华和彭世军(2012)基于创新融资支持效率的视角进行研究,结果表明自有资金及人力资本是主要影响因素。鞠晓生(2013)认为中国资本市场并不发达，通过企业内部资金积累和营运资本可有效满足企业创新所需。金玉石(2019)研究发现创新活动的资金来源于政府财政支出比来源于企业，对创新能力的影响更为显著。盖凯程(2015)认为民间资本是企业开展创新活动的重要资本来源之一，打破民间资本进入创新领域的制度约束是促进企业创新的现实选择。罗洎和王莹(2013)研究指出，从长期来看，民间资本对企业技术创新有显著影响，但短期内并不明显。李健和卫平(2015)对民间金融与区域创新的关系进行实证研究，结果显示民间资本由于能缓解融资约束，改善资源配置效率，对区域创新能力有显著的正向影响。Aghion 和 Howitt (2007)对工业化国家进行研究，发现私人信贷与股票市场的资本化可缓解企业创新资本的约束，有利于新企业进入和新业务扩张。武力超等(2015)指出关系型贷款能够有效推动企业做出创新决策，并显著提高创新能力。

此外，不少学者从社会资本的维度进行了分析，认为其是企业创新的重要影响因素(Syed 和 Kamel, 2018)。韦影(2007)从社会资本的结构、认知及关系维度进行研究，结果表明三个维度均能促进企业技术创新，且吸收能力有一定中介作用。林筠等(2011)进一步指出认知维度社会资本能直接影响创新能力，结构和关系维度社会资本则通过推动不同企业之间、产学研之间的合作等，间接影响创新能力。Rodrigo-Alarcón 等(2017)从动态能力的视角，结合不同类型企业实际情况对社会资本在企业创新绩效中的作用机理进行了分析。彭晖等(2017)发现社会资本直接影响企业技术创新，且能够通过金融发展产生间接作用。陈乘风和许培源(2017)认为企业等创新主体对社会资本积累的重视程度越高,社会资本积累越快,对创新效率的促进作用越大,进而可以吸引更多的社会资源,有效提升创新效率和经济发展水平。王淑敏和王涛(2017)分析了不同情境下社会资本对创新能力的影响路径,指出二者显著正相关,但在防御者战略导向企业呈现负相关性。黄宇虹和捷梦吟(2018)以小微企业为研究样本,指出社会资本对小微企业创新活力和创新效率有显著影响。

1.3.4 研究评述

通过梳理国内外学者关于制造业创新能力、资本富集效应的相关文献可以发现,其研究成果主要体现在以下几个方面。

(1)关于创新能力的研究,学者们主要围绕创新能力的构成要素、影响因素、评价指标及方法等展开大量研究,企业创新理论、创新能力理论等则伴随着其他经济理论和实践的发展不断完善。在创新能力的构成要素方面,尽管学者们的划分标准存在差异,但都从创新动力、创新过程、系统性创新等维度进行了有益探索;在创新能力的影响因素方面,主要包括市场环境、制度、金融等外部因素及企业内部资源环境等,通过构建创新能力评价体系对其影响因素进行了广泛的理论研究和实证分析;在创新能力的评价指标及方法上,大致分为单一指标评价和多指标评价,且逐渐呈现出财务与非财务指标相结合的趋势。

(2)关于资本富集的相关研究,以资本积累为主要切入点,研究内容主要分为资本积累的路径、资本积累的影响因素、资本积累与经济增长的关系三个方面。在资本积累的路径方面,经历了资源依赖、资本依赖向技术依赖过渡的资本积累产业路径;在资本积累影响因素方面,实物资本积累主要受金融化、收入分配、投资率、融资模式、区域生产总值等因素的影响，社会资本积累主要受新型社会网络结构、城镇化发展水平、外部环境资源、市场化程度、企业家社会责任等因素的影响，人力资本积累主要受教育经费投入、技术进步与生产率、经济增长、城镇化规模、收入分配、吸收 FDI 等因素的影响。对于资本与经济增长之间的关系尚未形成统一的研究结论，具体表现为正相关、负相关、不相关或倒 U 形曲线关系。

(3) 关于创新能力与资本富集关系的研究，国内外学者往往将资本作为企业创新的前提和基础，聚焦于实物资本、社会资本及人力资本对创新能力的影响，相关理论和实证研究较为成熟，仅有少数学者分析了创新能力对资本富集的促进作用及二者的相互作用关系。

上述研究成果为本研究提供了丰富的文献资源和理论基础，但仍然存在以下局限性。

(1) 在创新能力的评价方面，尽管有诸多学者从创新投入、创新产出层面构建了相应的评价体系，但二者的侧重点不同，导致研究结论存在较大差别。也有学者采用单一指标进行衡量，主要包括研发支出、研发支出占总资产的比重、新产品销售收入、企业专利申请或授权数量等，现有文献对制造业创新能力的评价指标和影响因素缺乏系统的梳理和总结，制造业创新能力如何仍然存在很大争议。

(2) 在资本富集的效应方面，现有文献虽立足于资本积累的视角对其经济增长效应进行了定量研究和分析，但都较为片面，无法对资本富集的效应进行客观、综合的评价。资本富集由于是资本市场上资本流动的结果，不仅影响经济增长，可能还会对资本市场上投资者的行为、行业主体自身的资源配置效率等产生影响。同时，随着《中国制造2025》行动纲领的颁布，制造业创新能力获得了高度关注，国家政策导向和资本的趋利性也使得资本逐渐向该行业集聚，但现有学者对制造业资本富集效应的研究成果较少。关于制造业资本富集的效应，如对资本市场的羊群效应、对中国经济发展的门槛效应，以及对制造业自身的资源配置效应，都是值得深入研究和探讨的问题。

（3）在创新能力与资本富集效应方面，现有研究较为单一，主要围绕资本富集或资本积累对创新能力的影响展开，关于制造业创新能力与资本富集的相互作用关系则缺乏系统、全面的理论分析和数据支撑，且很多被广泛引用的结论主要来自对整个国家或地区的经验分析。考虑到各行业之间的经济发展、资金规模、技术水平等存在较大差异，这很可能导致制造业创新能力与资本富集的估计结果存在偏差。此外，现有研究大多忽略了变量之间的内生性问题，无法全面解释制造业创新能力与资本富集的相互作用关系和可能存在的行业差异性，基于创新能力的制造业资本富集机理也缺乏充分的理论探讨。这些问题对政府部门政策制定、投资者决策等有着现实指导或借鉴作用，对创新理论、资本积累理论、其他经济学理论的发展和完善也有着重要理论意义。

基于上述分析，本书将以制造业创新能力为出发点，对制造业创新能力和资本富集水平进行测度，并在此基础上阐述制造业创新能力与资本富集之间的逻辑分析框架，同时进行实证检验，进一步揭示制造业资本富集的作用机理，构建拉力、推力和引力形成的三维合力模型，通过定性和定量分析对制造业资本富集效应进行综合分析与评价，包括制造业资本富集的羊群效应、门槛效应及资源配置效应。

1.4 研究内容与方法

1.4.1 研究内容

本书结合制造业创新能力、资本富集及效应评价等方面的国内外研究成果，以企业创新理论、创新能力理论、资本积累理论、行为金融理论、经济增长理论、要素禀赋理论及资源配置理论等为基础，综合运用熵权法、PVAR模型、多元回归模型、分位数回归模型、双门槛效应模型、GMM模型等研究方法，对创新能力视角下的制造业资本富集效应进行深入研究。

本书沿着"概念界定与理论基础→创新能力与资本富集的关系→资本富集机理分析→创新能力视角下资本富集效应分析"的研究思路展开，主要研究内容如下。

（1）概念界定与理论基础。通过文献研究法对本书涉及的基本概念进行界定，包括创新能力的定义、资本的内涵与外延、资本富集的内涵等，了解制造业创新能力与资本富集的相关研究现状，进而发现现有研究的不足，明确本书的研究思路，为实证研究提供文献借鉴与支撑。以创新理论、创新能力理论、资本积累理论等基础，为制造业创新能力和资本富集的关系研究、资本富集的机理分析及资本富集的效应评价等提供思路和理论支撑。

（2）创新能力与资本富集的关系。基于企业创新理论、创新能力理论、马克思资本积累理论等，构建制造业创新能力评价指标体系，采用熵权法确定制造业创新能力综合指数，并进行分行业比较；分别以资本总量、单个企业拥有的资本总量、亿元工业增加值占用的资本总量为基准，验证制造业资本富集现象存在的客观性，分析资本富集的变化趋势、行业分布和区域分布，挖掘制造业资本富集的一般规律。在此基础上，构建制造业创新能力与资本富集的逻辑关系架构，运用 PVAR 模型对二者的相互作用关系和波动传导效应进行实证检验，重点分析在外部冲击下制造业创新能力和资本富集当前及未来各期的动态变化，为创新能力视角下制造业资本富集的效应分析提供理论基础和数据支撑。

（3）制造业资本富集机理分析。详细阐述资本富集的内、外部影响因素，对资本富集的拉力、推力和引力进行系统梳理和分析，在此基础上，构建制造业资本富集的三维合力模型；识别制造业资本富集的渠道，将其归纳为以政府为导向的单一化渠道和以市场为导向的多元化渠道，进而提炼基于创新能力的制造业资本富集的资源依赖路径和技术创新路径，丰富和完善现有理论，并为后文的实证研究提供理论支撑。

（4）创新能力视角下制造业资本富集的效应分析。一是对制造业资本富集的羊群效应进行理论与实证分析，通过剖析羊群效应的形成原因，提出制造业资本富集对投资者羊群行为可能产生的影响，并基于创新能力的视角进一步探索不同创新能力水平下资本富集与羊群行为的关系，试图更深入地了解投资者的投资动机和心理，识别制造业资本富集时资本市场的反应；二是对制造业资本富集的门槛效应进行理论分析和实证检验，将制造业创新能力作为门槛变量，运用面板门槛模型重点研究资本富集与经济增长的关系是否受创新能力发展水平门槛效应的影响，厘清创新能力、资本富集和经济增长之间的关系；三是对制造业资本富集的资源配置效应进行理论分析和实证检验，通过构建的评价模型，采用 OP 半参数法对制造业资源配置效率的动态变化趋势进行测度，在此基础上论述制造业资本富集与资源配置效率的理论机制，并通过动态和静态模型的比较分析论证制造业资本富集与资源配置效率之间的 U 形曲线关系。

1.4.2 研究方法

（1）文献研究法。在了解国家政策、制造业行业发展等相关信息的基础上，借助各图书馆资源、数据库等收集国内外关于创新能力与资本富集的相关文献资料，并借助企业创新理论、创新能力理论、马克思主义资本理论，对创新能力、制造业创新能力、资本富集及其效应的相关概念和研究现状进行系统归纳和整理，并进行研究评述，为本书提供研究思路和研究方法。

（2）理论分析法。本书综合运用企业创新理论、企业创新能力理论、马克思资本积累理论等，对资本富集的机理、制造业创新能力与资本富集的关系进行了分析，并结合一般的数理统计验证了制造业资本富集现象，还通过剖析制造业资本富集的变化趋势、行业分布和区域分布，得到了资本富集的一般规律。

（3）熵权法。本书构建了制造业创新能力评价体系，对现有评价方法的优劣进行比较分析，最终选取熵权法确定各级指标权重，进而计算得到制造业创新能力综合指数，以此对制造业各细分行业的创新水平进行比较。

（4）PVAR 模型。建立制造业创新能力与资本富集的逻辑结构模型,采用 PVAR 模型对二者的相互作用关系进行检验,并运用单位根检验、协整检验、GMM 回归、脉冲响应和方差分解法等探究制造业创新能力与资本富集之间的波动传导机制,考察其跨期影响关系和影响路径。

(5)静态与动态面板模型。运用 Stata 14.0 软件,采用基本回归模型对制造业创新能力与资本富集之间的关系进行实证检验,同时运用分位数回归模型、双门槛模型、GMM 回归模型、OP 半参数法等对制造业资本富集后产生的羊群效应、门槛效应,以及资源配置效应进行分析。

1.4.3 技术路线

基于上述研究思路和主要研究内容,本书技术路线如图 1-4 所示。

第1章 绪论

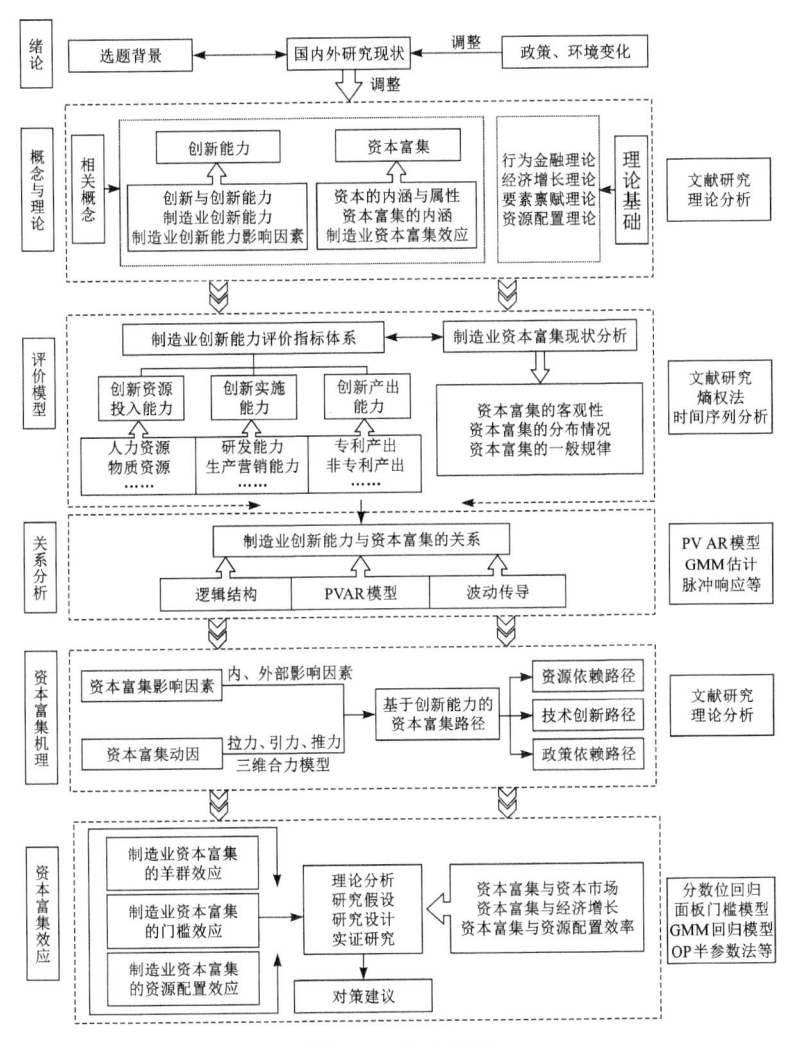

图 1-4 技术路线

第 2 章

概念界定与理论基础

2.1 创新能力

2.1.1 创新能力的内涵

1. 关于创新

Schumpter 于 1934 年最早提出创新一词,将其界定为不同生产要素和条件的组合,在此基础上初步建立了系统的创新研究体系,并对创新理论进行阐述,将其划分为技术创新、市场创新及组织创新的复杂活动,形成了现代技术创新理论的基石。柳卸林(1993)从技术创新的视角出发,认为创新在时间和空间上处于不断变化的状态,包括技术研发、产品设计、新方法及新的商业模式等。Schumpter等(2003)提出创新是知识、技术、人力等要素的新组合，主要通过形成新的产品和产品技术对现有产品和工艺技术加以改进。Freeman(2013)指出创新是基于新技术发明形成新产品的一个完整周期，创新完成的标志是新产品得到商业应用和市场化认可。此外，也有学者从资源观、环境观、企业管理等视角给予创新不同的定义。从资源观的视角来看，Guan和Ma(2003)将其视为一项独特资源，认为其是包括产品、知识、组织管理等在内的资源整合。从环境观的视角分析，Tura和Harmaakorpi(2005)认为创新是企业对复杂外部环境的反应和对竞争性稀缺性资源的利用；张军和徐庆瑞(2018)认为创新受企业内部发展不均衡产生的价值潜力驱动和外部环境动态变化产生的机会驱动，是企业系统性求变或应变的组织活动。从企业管理的视角来看，张军等(2014)认为创新包括绩效阈值和柔性维度，其本质是企业为获利而变革的组织系统性活动；Zollo和Winter(2002)、Jesús等(2006)将创新定义为企业必须加以管理的战略资源，认为其是一种动态能力。

本书认为从经济学的角度分析，创新是以利润为导向的经济行为，也是企业的市场化主体行为(Perdomo，2009)，是利用知识和技术进行资源要素及生产条件的组合，不断推出新产品、新技术、新工艺，开拓新市场的过程。

2. 关于创新能力

国外学者Lall(1992)认为创新能力是企业获取知识、技能，并通过自身的学习能力将其吸收、转化、运用的过程，能够提高企业生产能力和再创造能力。按照不同的创新能力主体，可将其划分为国家、区域、企业,以及行业等不同层面的创新能力。"能力学派"代表人 Meyer 等(1993)将创新能力界定为企业产品研发、技术改进、知识创新、生产和组织能力的综合能力。戴布拉·艾米顿(1998)认为创新包括发明、转化和商业化三个阶段,创新能力则是企业形成并运用新思想,通过市场化达到经济利益增长目标的能力。Barton(2010)指出企业是否掌握先进的技术和管理系统、引进专业化人员及树立企业特有的价值观是有无创新能力的关键。Tomlinson(2011)指出创新能力是企业通过整合现有资源、引进新技术进而提高其应对外部不确定性的能力,能够为企业带来良好的经营绩效和竞争优势。Yam 等(2011)则指出创新能力是企业支持和促进创新战略各项能力的综合,主要体现为满足企业技术需求、知识创造、研究开发能力和商业化过程中的能力。此外,世界银行组织等也对创新能力进行了界定。

国内学者王伟强(1996)从产品和工艺创新能力的视角分析,指出创新能力是二者相互关联、耦合,进而产生的系统整体功能。侯先荣和吴奕湖(2003)将创新能力界定为创新战略实现的系统整体功能。曹永峰和陈剑锋(2005)从技术的产生、改进、引进、转化和扩散等阶段进行分析,将创新能力界定为各种因素综合作用的结果。厉以宁(1993)对熊彼特的创新理论进行归纳,指出创新能力有利于企业产生更高的竞争力,是发现创新机遇、对组织进行创新并承担相应风险的综合能力。

综上所述,本书认为创新能力是企业利用自身的人力、物质等创新资源,通过研发、生产、营销等一系列活动,将新思想转变为新产品、新工艺或新技术并推向市场,最终为企业带来创新产出的综合能力。

2.1.2 制造业创新能力

1. 制造业的内涵与分类

狭义的制造业是对工农业生产的原材料、自然物质资源等进行加工和再加工,并进行零部件组装的一系列活动的总称,是日用消费品的生产制造部门。从广义上来看,制造业是资本、劳动力、技术等生产要素共同构成的有机整体,通过开发设计、加工制造、产品包装、销售运输、维护与回收等环节,可以满足动态变化的社会与市场需求。结合现有研究成果,本书基于要素视角、产品视角、价值链视角及业务流程视角对制造业进行了划分,如图2-1所示。

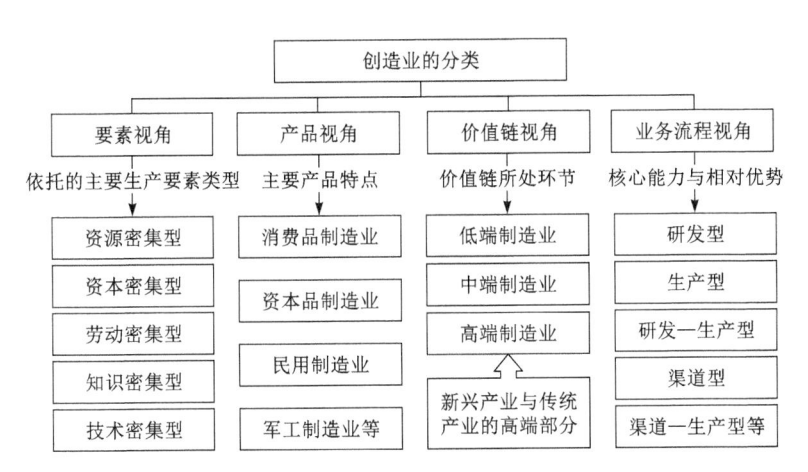

图 2-1 制造业的分类

2. 制造业创新能力及其评价

制造业创新能力是制造业将新思想、新知识转变成新产品、新工艺、新服务的能力，反映了该行业的创新活动投入力度、创新实施能力及产出水平等，是提高市场竞争力、决定其在全球产业链和价值链中的发展的关键因素。

在评价方法与指标选取方面，吴雷和陈伟(2009)以装备制造业企业为研究样本，并采用改进的 DEA 模型进行综合评价，投入指标选取创新投入能力、研发能力和产品营销能力，产出指标选取新产品收入和收益率。陈红梅(2009)采用 AHP 与 DEA 结合法对制造业技术创新能力进行评价，投入指标为创新资金、创新人员和设备投入，产出指标为专利申请数、新产品销售收入等。高巍和毕克新(2014)从信息化水平的视角对制造业工艺创新能力进行评价，分别在创新投入、创新研发、创新制造、创新管理等方面设立了相应指标。张晓明(2014)认为当前制造业创新能力的评价指标过于单一，且主观性较强，故采用粗糙集-AHM 法进行评价，具有较好的适用性。许晖和张海军(2016)采用问卷调查法对该行业企业服务创新能力进行分析，并从服务覆盖、流程化和开发能力三个方面构建相应的评价体系。余明桂等(2016)、陈昀等(2018)采用单指标法衡量企业创新水平，即研发费用与总资产的比例。此外，也有学者采用灰色关联度法、主成分分析法、线性加权法等进行分析。

2.1.3 制造业创新能力的影响因素

目前学者们以制造业为研究对象，对其创新能力影响因素的分析较为细致。张华胜(2006)认为企业研发活动对创新能力的影响较大,且政策环境、融资氛围、企业文化、基础设施等也会带来一定影响。孙晓华和李传杰(2010)从市场化的视角出发,指出市场需求和需求结构是影响企业创新能力的关键因素,现阶段装备制造业有效需求规模较低、结构低端化导致其创新能力不足。孔伟杰(2012)研究发现企业规模、外部市场结构、政府支持、创新行为等对制造业企业转型升级有不同程度的影响。杨晓云(2013)指出进口中间产品的多样性能够通过学习和互补效应对产品创新能力产生间接影响,其可替代性越低,企业创新能力越强。翟胜宝等(2015)通过研究制造业金融生态环境与创新能力的关系,发现二者显著正相关,金融生态环境指数越高,对创新能力的推动作用越明显。林峰(2017)基于所有制类型的视角进行分析,结果显示国有制造业企业创新能力高于非国有企业。任海云和冯根福(2018)以附属企业集团为研究样本,结果发现金融和法律环境、企业集团性质等市场环境均会影响企业创新能力。翟胜宝等(2018)实证分析了银行关联发挥的作用,指出具有银行关联背景的制造业企业通常具有更高的创新能力,且在金融水平相对滞后的区域和以民营为主体、代理成本较低的企业更为显著。

此外,大股东股权质押(张瑞君等,2017)、营销知识与渠道学习(余维臻和周翼翔,2017)、商业模式(纪慧生和姚树香,2019)、独立董事比例(李溪等,2018)等因素也会对制造业企业创新活动或创新能力产生影响。通过对现有文献的分析整理,得到了制造业创新能力影响因素汇总表,如表2-1所示。

表 2-1 制造业创新能力影响因素汇总表

分类	影响因素	文献来源
外部影响因素	政策环境、融资氛围、市场需求和需求结构、外部市场结构、政府支持、进口中间产品的多样性、制造业金融生态环境、金融和法律环境等	张华胜(2006)、孙晓华和李传杰(2010)、孔伟杰(2012)、杨晓云(2013)、翟胜宝等(2015)、任海云和冯根福(2018)
内部影响因素	企业研发活动、企业文化、企业规模、创新行为、企业所有制类型、企业集团性质、与银行的关联性、大股东股权质押、营销知识与渠道学习、商业模式、独立董事比例等	张华胜(2006)、孔伟杰(2012)、林峰(2017)、任海云和冯根福(2018)、翟胜宝等(2018)、张瑞君等(2017)、余维臻和周翼翔(2017)、纪慧生和姚树香(2019)、李溪等(2018)

注：本表由作者根据现有文献整理所得。

2.2 资本富集

2.2.1 资本的内涵与属性

1. 资本的内涵

在资本主义社会出现之前，资本就存在了，并用于衡量人的主要财产或款项。随着资本主义形态的发展，西方经济学家认为商品流通是资本的唯一来源，其在一定条件下能够转化为货币及生产资料，进而创造剩余价值。在社会主义社会，由于资本家不复存在，资本自然也不复存在，市场经济的发展及经济制度的逐步完善，使得人们对资本的认识发生了变化，突破了原有资本主义资本这个概念。其中，具有代表性的观点如表2-2所示。

表2-2 资本的概念界定

不同的学者或视角	定义
德国学者马克思	资本是产生剩余价值的价值，反映了社会关系；其产生是历史现象，但并非永恒存在的
英国学者马歇尔	资本是组织生产要素，是获取货币形态的收入的一部分
奥地利学者庞巴维克	凡是能获取财货的产品都是资本
英国学者亚当·斯密 美国学者萨缪尔森	资本是生产要素，是用于生产并以此获取收入的生产资料，强调了资本的生产内涵
重商主义者	资本是货币，是财富
经济学视角	资本一般是指能够带来价值增值的价值，是商家用于产品和服务生产的经济货物，贯穿于生活生产经营活动中
企业视角	资本包括有形资本(如厂房、机器设备、原材料等)以及无形资本(如商标、商誉、专利权等)
法律视角	资本可视为当事人依法享有的权利和权益
会计学视角	资本是企业或其他组织的所有者投入的资金总额，但这仅是初始投入资本，英国财务会计准则委员会认为资本是全部资产减去负债，即净资产
广义视角	凡是为企业带来财富或收益的资源都是资本
狭义视角	资本是生产资料或生产要素(《经济学》萨缪尔森)

资料来源：作者根据现有文献整理所得。

国内外学者对资本进行了广泛研究，并将其扩展到物质资本、人力资本等，本书中的资本仅为物质资本，是制造业企业生产经营活动中能够产生经济利益流入的资金，根据投资主体的不同可将其划分为国家资本、集体资本、法人资本、个人资本、港澳台资本及外商资本等。后文将对资本的分类进行更为详细的划分。

2. 资本的属性

西方经济学派认为资本具有生产性和获利性，重商主义者认为资本具有流通性，并强调流通是资本的唯一源泉。综合现有学者对资本属性的研究可以发现，资本具有以下两种基本属性。

（1）自然属性。

自然属性是资本最一般形式的规定。首先，资本的产生是历史现象，也是生产力发展到一定阶段形成的特殊形式的商品，是人类劳动的积累和商品生产的产物。由于资本存在于现实经济活动中，只要在经济活动中使用资本就应遵循其价值增值的本质和内在要求。其次，资本是自行增值的价值，在运动过程中获得剩余价值是其存在的基本前提，其具有可积累性。从资本流通的过程来看，资本的价值增值必须与商品的生产过程相联系，马克思的资本流通公式也证明了资本的增值性，只有在流动过程中资本才能发挥作用。再次，资本具有流动性。从职能形式的视角来看，资本大致可分为货币资本、生产资本和商品资本，其逐利性本质支配着资本在三种形式之间不断循环，以加速资本周转为手段实现更多的剩余价值，并形成资本积累，这是资本在时间维度的循环。资本增值的内在属性要求其无限循环，并进一步产生了资本的空间积累和扩张，即在不同部门、区域之间的转移。此外，资本具有竞争性，这是资本运动的外在强制力，在内部形成不同职能资本的空间并存和时间继起，在外部与其他运动的资本相互作用，进而使生产者凭借技术进步提高生产效率，通过优胜劣汰形成具有竞争优势的资本。

(2) 社会属性。

社会属性是资本与社会制度相关联的基本属性。首先，《资本论》将资本界定为一种生产关系，具有历史和社会形态，在资本主义社会反映了资本家对工人的剥削关系，在交换劳动力的过程中获取剩余价值。随着物质技术条件的发展，资本在生产、流通、循环和周转等运动过程中都能够实现增值，并转化为新增资本。其次，在资产阶级，资本是一种经济权利，对剩余劳动具有占有和支配权。具体来说，资本对劳动的需求可视为买方垄断，而劳动供给则是完全竞争市场，在二者的均衡过程中，资本与要素价格始终保持着优势地位，便形成了对剩余劳动的支配权，劳动对资本的依赖程度也随之提升。资本权力更多地表现为以增值为目的的社会权力，它决定了其他生产关系的地位和影响，推动了社会生产力向前发展。总体而言，资本的社会属性反映了其社会关系。

2.2.2 资本富集的内涵

1. 关于资本积累

关于资本积累的研究，比较有代表性的学者是马克思和罗莎·卢森堡。其中，马克思指出资本主义特有的经济条件产生了剩余价值规律，这个规律贯穿于整个经济发展过程，表现为资本积累，并反过来推动生产与经济增长，这是资本主义特有的。马克思的资本积累以剩余价值学说为基础,是在商品交换中形成的资本积累,是资本的进一步扩大。而卢森堡研究认为,资本积累不仅包括商品交换关系形成的积累,还包括以暴力为手段的原始积累,是资本主义在获取资本和剩余价值过程中开展政治、经济、意识形态等活动的过程。

罗伯特·索洛在《经济增长因素分析》一书中指出,任何高新技术产业化都离不开资本的支持,持续、高速的资本积累是产业和经济发展的必要前提。由于投资增长能够带动更多的劳动力投入,并保持稳定关系(张军,2002),随着技术效率的改善,资本边际回报率有所上升,有利于进一步促进经济持续增长。姚战琪和夏杰长(2005)从资本深化的视角进行分析,指出资本积累的同时带动了劳动力需求增加,但长期来看二者存在替代关系。殷醒民(2010)研究指出,随着工业化水平的提高,制造业资本积累速度较快,且主要集中于钢铁和化学工业,带动了其他创新资源的不断投入,形成了以资本积累为特征的技术创新,进而推动形成产业发展新格局,并提出先进制造业的资本积累是长期趋势。于漫(2017)研究指出,制造业利用互联网技术可有效提高资本有机构成,进而影响剩余价值率和产业资本利润率,促进更多的产业资本积累推动企业扩大再生产,增强资本循环。

2. 关于生物富集

生物富集是自然现象,与食物链密切相关。例如某有害化学物被植物吸收,尽管浓度比较低,但以植物为生的兔子在食用该植物后,无法将有害化学物顺利排出,就会在生物体内不断积累。当老鹰食用这类兔子之后,有害化学物浓度会进一步提高,从而通过食物链形成累积与放大效应,这是生物富集的直观描述。不同生物体生物富集的方式大致包括体表直接吸收、通过根系吸收及通过吞食吸收,归纳起来即为直接从环境中获取和间接从食物链获取,随后参与到生物体新陈代谢的各项活动中。生物富集常采用富集系数、浓缩系数等指标进行衡量,能反映某元素或化合物在生物体内的平衡浓度是否高于周围环境中的浓度,是该元素或化合物在生物体不同生长阶段不断积累的现象。也有学者采用生物累积、生物放大进行衡量,即生物富集系数逐渐由低营养级向高营养级扩大的过程。

3. 关于资本富集

关于资本富集的定义,现有文献鲜少涉及。由于资本具有逐利性,资本的流动具有一定的方向性,并表现为资本向少数企业或行业集聚。本书在借鉴资本积累理论、剩余价值理论的基础上,根据资本的自然属性和社会属性,并参考生物富集的定义,将资本的定向流动称为资本聚集,是众多分散的小资本通过市场竞争等途径集中为少数大资本的过程,可以说是原有资本的重新组合。随着资本聚集水平的提高,企业或行业从不同投资主体处获取的资本将通过创造新的价值进而产生资本超过该领域平均水平的现象。因此,本书认为资本富集是资本在逐利性本质的驱动下向某一领域定向流动,且超过或远远超过该领域对资本的需求的现象,表现为资本超过该领域平均水平的特征。

根据前文对资本属性的分析,资本在社会生产活动中不断循环,通过资本和劳动力价值形式转换能够自我增值,在资本的增值运动中实现社会资本总量的扩大,并形成资本富集。本书对资本富集的研究聚焦于资本市场,这是资本富集的重要途径,也是促进经济增长的推动力量,其与资本积累的主要区别和联系如表 2-3 所示。

表 2-3 资本富集与资本积累的区别与联系

层面		区别	联系
主体	资本富集	主体是资本控制者,包括政府部门、社会公众、企业、中介机构等,是在上述主体作用下资本向某一行业或领域的定向流动	具有资本的自然属性和社会属性;是资本流动的结果;主要由市场竞争机制决定;蕴含了资本的动态价值增值;逐利性是资本富集/资本积累的主要动因;二者均会提高社会资本总额
	资本积累	主体是资本所有者,是资本所有者将利润留存,并转化为资本的过程	
目标	资本富集	国家战略发展、追求利润最大化等多元化目标	
	资本积累	获取更多的剩余价值	
规模层次	资本富集	相对指标,很可能超过该行业或领域对资本的需求	
	资本积累	主要从价值角度考察资本总量的增加	
表现方式	资本富集	资本市场上的资本聚集	
	资本积累	企业经营活动过程中形成的利润留存	
侧重点	资本富集	强调资本超过该领域平均水平	
	资本积累	强调剩余价值的资本化	

注:本表由作者根据现有文献整理所得。

2.2.3 资本富集的效应

资本富集效应主要是指某一行业或领域资本富集后在资本市场、社会经济等方面引起的反应和效果。由于目前学术界对于资本富集这一概念并未形成统一的定义，现有学者主要基于资本积累而非资本富集的视角进行研究，关于制造业资本富集效应的文献较少。部分学者从空间溢出效应的视角进行分析，如 D'Uva 和 Siano(2007)认为人力资本与其他要素结合展现的空间溢出效应能够有效促进经济增长，且在经济落后地区更为显著。王美红等(2009)从自然资本、人力资本及经济资本三个层面出发，对全国 31 个地区资本的空间溢出展开了对比分析，发现不同地区的资本存在空间错位的现象，人力与经济资本在等级分类上存在一定的正相关关系。刘明和赵彦云(2018)构建了制造业要素投入的空间溢出效应模型，实证结果显示，金融危机期间相邻区域资本之间存在明显的空间溢出效应，且在后金融危机时期更为显著。吴继贵等(2018)研究指出，人力资本、物质资本及研发资本均具有显著的空间分布特征，且集中于东部和部分中部地区，物质资本的空间溢出则呈现明显的跳跃性和断裂性。也有部分学者基于经济增长效应的视角展开研究，其中，张越佳和张磊(2004)、张其仔和李蕾(2017)等分析了资本对经济增长的影响，后者将制造业划分为劳动密集、资本密集与技术密集型产业，通过个体固定效应模型研究发现资本密集和技术密集能够带来经济增长效应，且对东部区域经济增长的促进作用更为显著。然而，陈汝影和余东华(2019)认为资本和劳动力要素可以相互替代，适宜的资本深化速度才能提高行业产能利用率，给经济增长带来积极影响。

此外，Song 等（2001）还对中国工业化进程进行分析，指出制造业等部门过度投资会偏离市场最优水平，降低资本的就业吸纳能力，甚至对劳动者产生挤出效应（袁富华和李义学，2008；宋锦和李曦晨，2019；陈汝影和余东华，2019）。也有部分学者探究了资本富集的环境污染效应，如 Xu 等（2020）研究指出，资本富集对抑制环境污染具有显著的促进作用，但随着制造业创新能力的下降，资本富集对环境污染的抑制效应逐渐减弱。

2.3 相关理论基础

2.3.1 行为金融理论

行为金融理论是行为科学与金融学的融合，它从微观主体心理和行为视角对市场异常与特殊现象进行研究，是对现代金融理论的深化和发展。羊群效应作为行为金融学研究的重要内容，是个体利用他人信息进行决策，并产生与他人行为决策一致的结果的现象，自 20 世纪 90 年代开始受到了广泛关注。其中，理性羊群行为是指投资者为获取利润、节省信息的收集和处理成本等而模仿他人行为的心理，而非理性羊群行为，则强调的是投资者的盲从心理。行为金融理论为羊群效应研究提供了理论支撑，主要包括以下几个层面。

1. 基于信息不对称的羊群行为

部分学者基于行为金融理论对资本市场个体及群体决策行为进行分析，形成了羊群行为理论模型（Cipriani 和 Guarino，2014；Leece 和 White，2017；Garg，2020）。由于信息不对称问题的存在，投资者掌握的私人信息不同，当投资决策的"信息流"形成之后，即私有信息达到量化，投资者即倾向于追随大多数投资者的行为作出投资决策。一旦资本市场出现新的信息，则既有的羊群行为将被打破，并朝着同向或反向发展，进而表现出一定的脆弱性和随机性。

2. 基于声誉的羊群行为

标准金融理论认为投资者决策是其对已有信息的理性预期，同时也受其他投资者影响，降低了信息与市场表现的关联关系，影响决策行为。Scharfstein 和 Stein（1990）、An 等（2020）基于委托代理视角构建考虑声誉的羊群行为模型，当基金经理对自身能力把握不足时，倾向于放弃私有信息，与其他基金经理的决策行为保持一致，以维持大多数基金相同的业绩水平，即便投资失败也会由其他投资经理人共同分担责任，从而降低自身剩余损失。因此，从社会总体的层面来看，投资者信息和决策的关联程度因羊群行为有所降低，该羊群行为是无效的，但对于考虑声誉的有限理性基金经理来说，这是最优决策，而这在一定程度上促进了羊群行为的产生。

3. 基于薪酬结构的羊群行为

金融学者研究发现薪酬激励影响投资者的目标，可能导致其做出低效甚至无效的投资组合设计，加剧羊群行为的程度。Maug 和 Naik(1995)从风险规避的维度构建了薪酬结构羊群行为模型，前提在于基金经理的薪酬水平主要取决于基金业绩与同类基金业绩的比较，进而激励投资者收集信息，降低投资决策过程中的道德风险和逆向选择。同时，为避免投资业绩远低于同业竞争者而带来的失业压力，基金经理会相互模仿投资组合，进而导致羊群行为。

通过对行为金融理论的分析可以发现，资本市场投资者存在跟随或模仿其他投资者决策的羊群行为。根据信息不对称理论、声誉理论和薪酬结构理论，由于我国制造业资本主要来源于机构和个人投资者，投资者掌握的私有信息不同，可能存在认知和心理偏差，在行业资本富集水平持续提升的情况下，向投资者传递出行业发展前景良好的信号，而为保持行业平均业绩水平、减少声誉损失或避免丧失竞争优势，投资者可能在资本富集水平较高的行业进行追随或模仿投资，形成羊群行为。羊群行为理论为本书分析制造业资本富集的羊群效应奠定了理论基础。

2.3.2 经济增长理论

传统经济学认为资本、劳动力和技术进步是经济增长的主要生产要素，并强调技术进步的必要性和重要作用。然而，随着理论界对经济增长内生机制的研究，开放古典经济学假设的发展，考虑空间要素的经济增长演变等，经济增长理论呈现出不同的发展阶段。一是早期的古典经济理论。Adam(2004)研究指出劳动分工和资本积累是促进财富增加的根本原因,为经济增长理论奠定了古典经济学基础。随后,学者们对国民收入的决定因素、经济增长的过程等进行了深入分析,但仅停留在定性分析层面,对经济现象的解释缺乏说服力。二是新古典经济增长理论,其标志就是1957年索洛模型的建立(Das 等,2015),强调生产要素能够互相替代,并提出其边际收益逐渐减少、规模报酬不变及技术进步外生等观点,认为单位有效劳动平均资本存量变化率为资本深化和资本广化之间的差额,进而得到经济总是向均衡增长路径收敛的结论,即趋于增长停滞的稳定状态,且资本和劳动平均产出增长率仅由技术进步这一因素决定。由于未对技术进步的来源进行分析,也无法对收入持续增长现象进行合理解释,其为经济增长提供的理论基础并不充分,且不符合现实发展状况。三是新经济增长理论。该理论将技术进步内生化,认为规模报酬递增确保了经济的长期稳定增长,当资本存量增加时,边际生产率并不会降至零,而企业也不再处于完全竞争的市场环境中。随后,学者们对该理论进行了进一步深化,认为技术进步能够克服报酬递减的缺陷,促进经济长期增长,垄断利润则激发了企业创新动力。

经济增长理论为本文研究制造业资本富集对经济增长的影响、创新能力门槛效应的理论和实证检验等奠定了基础。

2.3.3 要素禀赋理论

要素禀赋理论最早源于Ricardo 于1817 年提出的比较优势学说,认为资本积累和效率改进是促进经济增长的主要原因(钱学锋和熊平，2009）。Heckscher、Ohiln 分别于 1933 年和 1999 年提出该理论的基本观点，并将其系统梳理为完整的理论体系，简称 H-O 理论（马慈和，1990），其主要结论在于不同经济体的生产要素的价格或产出水平不同，这将进一步造成各主体产品成本或供给能力的不同，进而导致相同产品的价格存在差异，并最终形成贸易活动。当同种产品的生产技术相等时，其价格差异主要源于各生产要素的丰富程度，即相对禀赋，这也是促进贸易和国际分工的根本原因。要素价格均等化、要素禀赋理论等进一步放宽了生产要素流动的假设条件，丰富了要素禀赋理论的研究内容。由于不同区域会根据自身的要素禀赋来生产或销售相对富足的产品类型，针对稀缺型产品类型则减少生产或依赖于进口，这在一定程度上将带动稀缺要素价格的下滑，逐渐缓解各国家、地区劳动力的工资差、利率差等矛盾，使得要素相对于绝对价格趋于一致。

对制造业而言，由于各细分行业之间的资本、劳动力等生产要素和研发资源禀赋不同，导致要素在不同行业和区域之间流动，使得同质性生产要素价格趋于一致，并通过技术引进、消化吸收、模仿创新、自主创新等进一步增强行业竞争优势，向全球价值链高端迈进。要素禀赋理论为创新能力视角下制造业资本富集路径的研究提供了理论支撑，同时为资本富集门槛效应的研究提供了有益启示。

2.3.4 资源配置理论

在市场经济环境，社会必要劳动主要是在价值规律的引导或作用下达到最优配置和最优效益，归根结底就是资源的合理配

第 2 章 概念界定与理论基础

置,通过供求、价格及竞争等因素,使其逐渐向高效益的企业或部门流动,促进资本最大限度地应用于生产并实现增值(马克思,2004)。马克思对资本风险性和流通性的研究,是资本市场资源配置问题研究的理论基础,也是资源合理流动的基本动力,为更好地理解制造业资源配置效率问题奠定了基础。不同于马克思主义政治经济学,亚当·斯密对稀缺性资源配置机制进行了具体论述,指出其重要的驱动力量就是利益导向下的市场配置,其也是经济发展的客观规律。西方经济学者分别基于生产与消费的视角对资源配置进行了分析,前者是要素在不同产业或企业的重组和分配过程,这也是本书的研究范畴。资源配置的有效性可从宏观经济、中观行业和微观企业三个层次进行分析(万悦等,1997)。其中,宏观经济层面是结合不同行业或者区域展开的生产活动实际情况,根据市场需求形成的新生产要素组合,通过合理分配达到产出最大化;中观行业层面强调生产要素在某一行业内部的分配,也就是逐渐向效率较高的企业流动的过程;微观层面则是指企业生产经营活动中以成本最小化为目标,达到所获取资源的最高效使用,并体现在技术有效性、规模有效性和生产要素组合有效性等方面,强调以最小的成本配置资源。由于本书聚焦于制造业,对资本富集产生的资源配置效应的研究主要基于中观行业层面。

鉴于资源有限性、稀缺性的特征,本书基于资本配置理论对制造业资本富集的资源配置效应的研究正是促进制造业资源合理配置的尝试性研究,也是经济学研究的焦点问题。

本章小结

本章首先厘清了创新与创新能力的基本内涵,并系统梳理了制造业创新能力的影响因素,包括市场、制度、政策等外部因素,以及知识资源、企业规模、研发投入、企业文化等内部因素;其次,对资本的内涵和属性进行了分析,结合资本积累、生物富集、资本富集等相关概念,进一步界定了资本富集的内涵,并对制造业资本富集效应进行了梳理;最后,对相关基础理论进行了阐述,为实证研究奠定了理论基础,其中,行为金融理论揭示了资本市场投资者羊群行为的成因,为制造业资本富集产生的羊群效应提供了理论支撑;经济增长理论和要素禀赋理论为制造业资本富集的经济增长效应提供了理论依据;资源配置理论阐述了制造业资本富集如何影响行业主体的资源配置,进一步厘清了研究思路。

第3章

制造业创新能力与资本富集的关系

资本是制造业创新能力的重要保障,现有研究主要围绕资本对创新能力的影响进行展开,而创新能力也是推动制造业可持续发展的关键要素,并通过降低产品成本、提高劳动生产率、创造新的市场需求等增加行业利润或剩余价值(陈英,2004;肖磊,2014),在资本逐利性本质和资本市场投资者利益最大化目标的驱动下,吸引更多的资本流入该行业或领域,资本富集水平不断提高(Mark 和 Jack,2000)。因此,本章对创新能力与资本富集之间的相互作用关系进行分析,以期为创新能力视角下的制造业资本富集效应分析提供理论基础和数据支撑。

3.1 制造业发展现状与创新能力评价

3.1.1 制造业发展现状

根据证监会颁布的行业分类指引(2016修订版),制造业是将资金、技术、原材料、劳动力等通过加工制造转变为生产工具、生活用品等满足人类消费需求的行业。按照制造业的生产模式,可将其划分为OEM代工生产模式、ODM贴牌模式、OBM自主品牌模式,按照生产产品的分类,可将其划分31个细分行业。

中国制造业上市公司主要分布于计算机、通信和其他电子设备制造业、化学原料及化学制品制造业、电气机械及器材制造业、医药制造业和专用设备制造业这五类行业,而木材加工及木、竹、藤、棕、草制品业和皮革、毛皮、羽毛及其制品和制鞋业等行业的上市公司数量较少。

改革开放以来,受国家政策引导和人口红利等优势,制造业规模不断扩大,加上外资支持有效吸收了从其他国家转移出的产能,为制造业带来了先进的技术、设备和人才,拓宽了制造业的国际市场,行业增加值从1978年的599.69亿美元增长至2019年的39019.60亿美元,年均增长率为10.7%,制造业增加值占GDP的比重最高达到40.1%,劳动生产率也获得了快速发展,从1978年的人均2972美元增长至2019年的27870美元,这主要得益于改革开放的发展战略,使得中国成为"世界制造工厂",具有较强的规模优势,且技术创新水平不断提升。从技术创新的成果来看,1978年研发投入强度仅为0.17%,截至2019年已接近2%,略低于同期发达国家平均水平,专利授权数量增长了11.5倍。因此,中国制造业取得了突出成就,是中国经济发展的关键,也是促进中国从落后的发展中国家转向具有世界影响力的经济大国的重要支撑。

随着市场需求和资源禀赋的不断发展变化,制造业传统优势即低劳动力成本优势有所削弱,市场竞争日益激烈,部分利润率较低的制造业开始进入服务领域,大量资本流出至其他行业。2010年之后,制造业增加值占GDP的比重基本保持下降趋势,从31.54%下降至2019年的27.14%,主营业务利润率也从7.60%降至5.56%(数据来源于国家统计局)。同时,全球经济低迷和市场需求疲软也进一步加剧了行业发展的困境,经济管理体制与制造业创新发展之间的矛盾日益尖锐。中国制造业与美国、日本等国制造业相比仍存在一定差距,具体如表3-1所示。

表3-1 2018年中国与制造业先行强国主要发展指标的对比分析

指标	中国	美国	日本	德国	韩国
制造业增加值/亿美元	38676.3	23346	10339.5	8153.3	4409.4
制造业增加值占GDP的比重/%	27.8	11.4	20.8	20.4	27.2
劳动生产率/(万美元/人)	2.90	15.01	9.59	10.42	10.2
制造强国发展指数	109.94	166.06	116.29	127.15	74.45
相对指数值	66.20	100.00	70.03	76.57	44.83
规模发展	55.16	36.12	22.76	29.60	17.29
质量效益	15.05	49.84	30.55	26.65	19.74

续表3-1

指标	中国	美国	日本	德国	韩国
结构优化	23.40	48.77	33.50	46.27	16.76
持续发展	16.33	31.33	29.48	24.63	20.66

数据来源：由《2019中国制造强国发展指数报告》、世界银行、WTO数据库、国家统计局等数据整理所得；鉴于数据可得性，仅更新至2018年。

由表3-1可知，美国制造业具有明显的综合优势，日本与德国具有相对优势，而中国制造业具有规模优势，近年来持续位列全球首位，对制造强国发展指数的贡献约50%，为其他维度指标的提升提供了良好的产业环境和转型空间，有利于制造业结构优化和创新培育，但中国劳动生产率为28974.93美元/人，仅为美国同期水平的19.32%，德国同期水平的27.83%，研发投入强度、高技术产品贸易竞争优势指数等指标远低于美国、德国、日本等国家，制造业存在大企业不强、小企业不专的问题，原因可能是美国、日本技术研发主要侧重于高技术行业，通过制定"先进技术引领战略"确保高科技制造业的发展，提高高端产品在全球范围内的市场占有率；德国、韩国技术研发主要集中于先进、成熟的技术领域或行业，以期通过"优势产品市场扩张战略"获得竞争优势，而中国制造业长期以来处于低质量发展路径，从单位能源利用效率可以发现，该指标值仅为5.99美元/千克石油当量，相当于韩国同期水平的75.92%、德国同期水平的47.69%，这一结果表明在相同水平的制造业产出情况下，中国将多消耗24.08%~52.31%的能源，国际竞争力较差。

根据我国工信部的调查结果表明，大型企业约32%的关键材料技术尚未解决，传感器芯片的进口需求超过 90%，高端专用芯片、智能终端处理器、装备制造领域的航空发动机、检测设备、高档数控机床等仍然依赖于向其他国家进口。因此，尽管中国是制造大国，具有规模优势，技术创新能力不断提升，但制造业关键领域对外依赖严重，制造业发展指标远远落后于美国、德国、日本等制造业先行强国，制造业企业创新能力提升需求尤为迫切。

3.1.2 制造业创新能力评价

1. 评价指标体系选取原则

（1）全面性原则。制造业创新能力受到诸多因素的影响，其评价指标体系应全面、完整地反映创新能力各构成要素，满足客观需求，确保评价结果的准确性。同时，应选择简洁、具有代表性的指标，避免评价内容的重复性或相似性，以较少的指标覆盖较广的范围，做到繁简适中。

（2）科学性原则。指标是否科学、客观将直接对结果的准确性产生影响，故在选取指标时应具备一定的理论基础，遵循技术创新的本质内涵，从制造业实际情况出发，使其反映制造业创新能力的基本特点和真实状况，指标名称、定义、计算方法规范、准确，统计口径一致，指标之间的层级结构科学、合理。

（3）相关性原则。评价指标体系中各个指标应存在一定的内在逻辑，一是创新能力评价指标与评价目的相关，二是各指标之间相互关联，能够互为补充、相互验证，进而对制造业创新能力进行全面的描述。

（4）可操作性原则。为提高评价体系的现实可行性，选取的指标应存在相应的信息基础和适用性数据,如从财务信息、统计年鉴、其他年鉴资料中直接获取或对已有数据进行计算获取,若存在计算公式应具有简单易用、科学合理的特点,便于使用者理解和判断。同时,应尽量选取定量指标,提高数据准确性和有效性。此外,为便于不同地区、不同行业的学者进行分析,提高评价结果的可比性、普适性,应选取被普遍认可、成熟性的指标。

(5) 动态性原则。创新能力是根据内外部环境而不断变化的,从创新投入、创新实施到创新产出,需要一定的发展时期,选取的指标既要反映制造业创新能力的现实水平,又要体现创新能力未来的发展趋势。

2. 评价指标体系构建

由于创新能力评价体系不作为本书主要创新点,故根据制造业行业特点和前文总结的创新能力影响因素,并借鉴现有研究选取相应指标,从已有文献来看,尽管学者们对创新能力的构成要素存在一定争议,但主要集中于创新资源投入、创新实施、创新产出等。

一是创新资源投入能力。创新活动需要大量、稳定的资金和人员投入作为支撑,这是制造业创新能力提升的必要前提和基础,也是制造业进行技术创新的重要保障,可划分为人力资源投入能力和物质资源投入能力(李晓钟和张小蒂,2008;李长青等,2014)。随着知识经济的到来,专业知识、经验技能等人力资本发挥的作用越来越突出,制造业企业通过制定战略发展目标和创新战略规划确定所需的技术人员数量和结构,根据创新需求配备相应的基础设施和资金投入,包括固定资产装备率、R&D 经费支出、新产品开发经费等。创新资源投入能力是创新活动的起点,直接影响制造业创新水平和创新成果,加上大型制造业企业具有一定的规模优势,更容易吸引到更多优质人才和投资者,有能力开展技术创新。

二是创新实施能力,主要包括研发能力和生产与营销能力,用于衡量制造业是否具备创新的基础条件(刘利平等,2017)。其中,研发能力是创新资源投入和资源配置的结果,也是制造业提高创新能力、实现创新目标的关键,包括基础研究能力、应用研究能力和发展能力,可用研发机构数量、新产品项目数、产学研合作平台等指标进行衡量(徐立平等,2015;杜丹丽和曾小春,2017);生产与营销能力是将创新成果转化为新产品和新工艺,并通过市场调研、市场推广提高创新成果市场份额的能力,在生产能力指标衡量方面可选取引进技术、消化吸收、技术改造及购买境内技术经费支出等(杜丹丽和曾小春,2017)。

三是创新产出能力,可分为专利产出和非专利产出(Tebaldi 和 Elmalie,2013)。有学者认为专利可能是企业的策略性创新行为(Hall 和 Harhoff,2012),更多地反映了对政府政策的迎合(Li 和 Zheng,2016)。鉴于我国市场机制尚不完善,行业发展容易受政府干预和国家政策导向的影响,将专利作为制造业创新能力的部分指标,在一定程度上能够识别制造业的创新动机,这也是创新能力的标志性体现,可用专利申请数、发明专利申请数、实用新型专利占比等指标进行衡量(张治河等,2016)。非专利产出是将技术创新成果应用于新产品的生产和销售,并向市场推广获得的利润,可用财务指标进行衡量,具体而言包括主营业务收入、新产品销售收入、新产品出口总额、利润总额等。

综上所述,本书借鉴胡恩华(2001)、Connie(2014)、张治河等(2016)、杜丹丽和曾小春(2017)、唐孝文等(2019)、Xu等(2020)的研究,同时考虑数据的可得性,构建以下评价指标体系,如表3-2所示。

表3-2 制造业创新能力评价指标体系

一级指标	二级指标	三级指标
创新资源投入	人力资源	研发人员数量/万人 R&D人员全时当量/人年 从业人员平均人数/万人
	物质资源	R&D经费投入强度/% 新产品开发经费/万元 固定资产装备率/%
创新实施	研发能力	研发机构数量/个 新产品项目数/项
	生产与营销能力	营销费用/万元 引进技术经费支出/万元 消化吸收经费支出/万元 购买境内技术经费支出/万元 技术改造经费支出/万元
创新产出	专利产出	专利申请数/件 发明专利申请数/件 实用新型专利占比/%
	非专利产出	主营业务收入/万元 新产品销售收入/万元 新产品出口总额/万元 年末净利润总额/万元

3. 创新能力评价方法选择

前文系统梳理了创新能力评价方法，现对各评价方法的优劣进行对比分析，如表3-3所示。

表3-3　创新能力评价方法的对比分析

方法	优势	不足	适用范围
DEA法	结果直观，且易于理解；解决多产出问题	要求样本较多、指标尽可能少；只能得到相对效率结果	多投入、多产出、多主体效率评价
熵权法	客观性强；充分利用原始数据信息；适应性强	结果取决于样本；无法进行横向比较	计算指标权重的情况
灰色关联度法	样本量要求低；数据分布类型不限；计算简便	具有主观性；归一化影响计算结果；结果可能不唯一	对系统发展变化的态势分析
AHP法	定性与定量结合；可消除指标的相关影响；结果直观、可靠；计算简便	依赖专家主观判断；限制了指标的选取；判断矩阵易出现不一致问题	复杂层次结构的多目标决策评价
主成分分析法	较少的指标反映原有指标的信息；评价结果唯一；具有客观性	样本量要求高；计算烦琐；假设变量指标线性相关；计算结果与样本量有关	对变量进行降维处理，使其转化为少数综合指标
模糊评价法	定性与定量结合；结果信息量丰富，系统性强；可解决模糊、难以量化的问题	具有主观性；无法解决指标评价信息重复问题；多目标评价时计算烦琐，实用性差	适用于新领域产生的新问题、非确定性问题等

续表3-3

方法	优势	不足	适用范围
TOPSIS	样本量要求低；不限制数据的分布；应用灵活；可有效利用原始数据信息	具有主观性；灵敏度不高；可能存在多个结果；存指标评价信息重复问题	适用于解决多对象多属性决策问题等

数据来源：作者根据现有文献整理所得。

制造业创新能力具有多层次、多结构的特点，在现有学者研究的基础上，本书采用熵权法计算各指标的权重。在信息理论中，熵能够反映随机事件的无序性。当指标反映的信息量较多时，不确定性越高，熵也就越小，反之熵越大。具体步骤如下：

①鉴于各指标计量单位存在差异，对原始数据进行归一化处理。假定制造业创新能力有 m 个指标、n 个评价主体，则其原始矩阵为 $\boldsymbol{A} = (a_{ij})_{m \times n}$，通过归一化可得 $\boldsymbol{R} = (r_{ij})_{m \times n}$，如公式（3-1）所示。

$$r_{ij} = \frac{a_{ij} - \min a_{ij}}{\max a_{ij} - \min a_{ij}} \quad (3-1)$$

②计算第 i 个指标的熵 h_i，如公式（3-2）所示。

$$h_i = -k \sum_{j=1}^{n} f_{ij} \ln f_{ij}$$

$$f_{ij} = r_{ij} / \sum_{j=1}^{n} r_{ij} \quad (3-2)$$

其中，$k = \frac{1}{\ln n}$，当 f_{ij} 为 0 时，根据 $f_{ij} \ln f_{ij} = 0$ 进行计算。

③计算指标的熵权，如公式（3-3）所示。

$$w_i = \frac{1-h_i}{m - \sum_{i=1}^{m} h_i} \left(0 \leqslant w_i \leqslant 1, \sum_{i=1}^{m} w_i = 1\right) \quad (3-3)$$

4. 制造业创新能力评价结果

(1) 样本与数据来源。

在数据统计口径方面，1998—2006 年的统计范围是国有企业与年主营业务收入超过 500 万元的非国有工业企业；2007—2010 年的统计范围是主营业务收入超过 500 万元的工业企业；2011 年及之后是主营业务收入超过 2000 万元的工业企业。因此，考虑数据统计口径的一致性，本书选取的样本研究区间为 2011—2018 年。按照证监会 2016 年行业分类标准，制造业共 31 个细分行业，鉴于在该研究期间内行业分类标准发生变化，为保证统计口径的一致性，本书将汽车制造业与铁路、船舶、航空航天和其他运输设备制造业统一为交通运输设备制造业，将橡胶制品业与塑料制品业统一为橡胶和塑料制品，并将大部分数据不完整的废弃资源综合利用业与金属制品、机械和设备修理业剔除，最终得到下述 28 个制造业细分行业，具体如表 3-4 所示。

表 3-4 制造业各细分行业及其代码

行业名称	代码	行业名称	代码
农副食品加工业	01	医药制造业	15
食品制造业	02	化学纤维制造业	16
饮料制造业	03	橡胶和塑料制品业	17
烟草制品业	04	非金属矿物制品业	18

续表3-4

行业名称	代码	行业名称	代码
纺织业	05	黑色金属冶炼及压延加工业	19
纺织服装、服饰业	06	有色金属冶炼及压延加工业	20
皮革、毛皮、羽毛及其制品和制鞋业	07	金属制品业	21
木材加工及木、竹、藤、棕、草制品业	08	通用设备制造业	22
家具制造业	09	专用设备制造业	23
造纸及纸制品业	10	交通运输设备制造业	24
印刷业和记录媒介复制业	11	电气机械及器材制造业	25
文教体育用品制造业	12	计算机、通信和其他电子设备制造业	26
石油加工、炼焦及核燃料加工业	13	仪器仪表及文化、办公用机械制造业	27
化学原料及化学制品制造业	14	工艺品及其他制造业	28

本书数据来源于国家统计局、中国统计年鉴、中国科技统计年鉴以及中国工业经济统计年鉴等，并采用线性插值法对个别样本缺失的数据进行计算。

（2）评价指标权重。

经计算，最终得到制造业创新能力评价指标体系中三级指标的权重，以此为依据计算得到一级和二级指标权重，如表3-5所示。

第3章 制造业创新能力与资本富集的关系

表3-5 制造业创新能力各评价指标权重

一级指标	二级指标	三级指标	权重
创新资源投入（0.224）	人力资源（0.089）	研发人员数量/万人	0.028
		R&D人员全时当量/人年	0.044
		从业人员平均人数/万人	0.018
	物质资源（0.135）	R&D经费投入强度/%	0.070
		新产品开发经费/万元	0.046
		固定资产装备率/%	0.019
创新实施（0.405）	研发能力（0.125）	研发机构数量/个	0.042
		新产品项目数/项	0.082
	生产与营销能力（0.280）	营销费用/万元	0.027
		引进技术经费支出/万元	0.090
		消化吸收经费支出/万元	0.063
		购买境内技术经费支出/万元	0.060
		技术改造经费支出/万元	0.040
创新产出（0.371）	专利产出（0.192）	专利申请数/件	0.068
		发明专利申请数/件	0.057
		实用新型专利占比/%	0.067
	非专利产出（0.178）	主营业务收入/万元	0.024
		新产品销售收入/万元	0.047
		新产品出口总额/万元	0.088
		企业利润总额/万元	0.020

数据来源：作者根据熵权法和原始数据计算所得。

(3)评价结果分析。

近年来,政府部门相继出台了制造业高质量发展规划和相关政策文件,促进制造业从"制造大国"向"制造强国"转变,2011—2018年制造业创新能力的发展变化如图3-1所示。

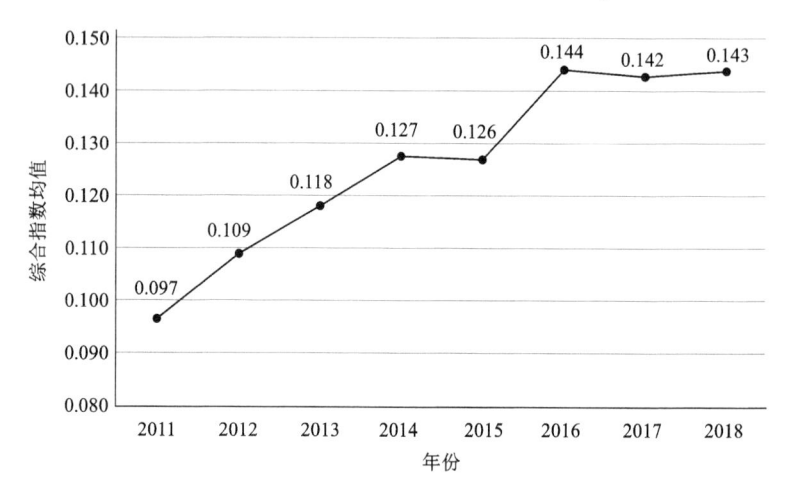

图3-1 2011—2018年制造业创新能力综合指数均值

(数据来源:作者根据熵权法和原始数据计算所得)

由图3-1可知,该行业创新能力综合指数从2011年的0.097上升至2018年的0.143,在整个样本区间内制造业创新能力保持波动上升的趋势。制造业是国民经济发展的支柱性产业,其创新发展受到国家和政府部门的高度重视,提高制造业创新能力是向全球价值链中高端迈进的重要战略性举措,也是中国经济持续增长的重要途径。然而,在行业发展进程中,我国制造业仍然存在一定的脆弱性,容易受资源禀赋、国家政策、经济发展等因素的影响和制约,创新能力的时序变化存在一定波动。为进一步考察制造业各细分行业的创新能力,对28个行业的创新能力综合指数进行分析，结果如表 3-6 所示。

表 3-6 2011—2018 年制造业各细分行业创新能力综合指数

行业	2011	2012	2013	2014	2015	2016	2017	2018	均值
农副食品加工业	0.070	0.072	0.086	0.091	0.094	0.103	0.104	0.111	0.091
食品制造业	0.044	0.048	0.055	0.059	0.063	0.069	0.071	0.077	0.061
饮料制造业	0.056	0.047	0.047	0.048	0.047	0.091	0.050	0.049	0.054
烟草制品业	0.020	0.035	0.046	0.041	0.051	0.045	0.048	0.056	0.043
纺织业	0.083	0.076	0.081	0.086	0.090	0.086	0.093	0.095	0.086
纺织服装、服饰业	0.032	0.037	0.043	0.050	0.053	0.084	0.052	0.056	0.051
皮革、毛皮、羽毛及其制品和制鞋业	0.019	0.019	0.023	0.034	0.028	0.031	0.032	0.035	0.028
木材加工及木、竹、藤、棕、草制品业	0.015	0.016	0.020	0.021	0.023	0.025	0.025	0.027	0.022
家具制造业	0.011	0.015	0.019	0.021	0.026	0.030	0.031	0.037	0.024
造纸及纸制品业	0.036	0.036	0.037	0.041	0.040	0.045	0.044	0.044	0.041
印刷业和记录媒介复制业	0.013	0.016	0.018	0.021	0.023	0.024	0.027	0.020	
文教体育用品制造业	0.048	0.025	0.033	0.041	0.053	0.049	0.096	0.108	0.057
石油加工、炼焦及核燃料加工业	0.042	0.057	0.058	0.061	0.056	0.063	0.064	0.069	0.059
化学原料及化学制品制造业	0.191	0.233	0.250	0.280	0.268	0.280	0.245	0.256	0.250
医药制造业	0.114	0.189	0.163	0.174	0.170	0.185	0.179	0.193	0.171
化学纤维制造业	0.021	0.026	0.028	0.029	0.030	0.032	0.028	0.029	0.028

续表3-6

行业	2011	2012	2013	2014	2015	2016	2017	2018	均值
橡胶和塑料制品业	0.074	0.085	0.093	0.099	0.095	0.110	0.132	0.145	0.104
非金属矿物制品业	0.084	0.095	0.113	0.122	0.122	0.136	0.145	0.159	0.122
黑色金属冶炼及压延加工业	0.202	0.201	0.205	0.190	0.141	0.148	0.139	0.131	0.170
有色金属冶炼及压延加工业	0.097	0.105	0.098	0.112	0.109	0.106	0.117	0.121	0.108
金属制品业	0.065	0.087	0.098	0.105	0.109	0.124	0.126	0.141	0.107
通用设备制造业	0.179	0.223	0.235	0.248	0.238	0.264	0.243	0.256	0.236
专用设备制造业	0.155	0.179	0.204	0.209	0.203	0.219	0.221	0.234	0.203
交通运输设备制造业	0.359	0.357	0.400	0.445	0.450	0.554	0.584	0.633	0.473
电气机械及器材制造业	0.252	0.300	0.325	0.355	0.351	0.402	0.397	0.428	0.351
计算机、通信和其他电子设备制造业	0.339	0.397	0.435	0.482	0.521	0.611	0.543	0.587	0.489
仪器仪表及文化、办公用机械制造业	0.067	0.063	0.071	0.080	0.075	0.081	0.088	0.092	0.077
工艺品及其他制造业	0.016	0.007	0.011	0.012	0.014	0.023	0.055	0.068	0.026

数据来源：作者根据熵权法和原始数据计算所得。

由表3-6可知，制造业创新能力较强的行业主要集中于计算机、通信和其他电子设备制造业、交通运输设备制造业、电气机械及器材制造业、化学原料及化学制品制造业、通用设备制造业等行业，尽管少数行业2018年创新能力综合指数有所下滑，如饮料制造业、造纸及纸制品业、黑色金属冶炼及压延加工业等，但整体来看各行业创新能力有所提升。木材加工及木、竹、藤、棕、草制品业,家具制造业,工艺品及其他制造业的创新能力处于较低水平,这一结果表明不同行业创新能力具有不平衡性,这与中国制造业的发展现状基本相符,原因可能是各行业的资源禀赋和创新基础存在较大差异,且创新能力受国家政策引导,政策红利效应也有所不同,先进制造业创新能力提升更快。

3.2 制造业资本富集的现状分析

3.2.1 制造业资本富集的客观性

根据前文对资本富集的定义,本书将资本向某个行业或领域的定向流动称为资本聚集,当资本聚集超过一定标准称为资本富集,并通过创造新的价值实现资本总量的增大。

首先,本文按照证监会行业分类指引,对中国19个行业门类的资本分布情况进行分析,并重点关注制造业是否存在资本富集现象。2011—2018年各行业的年均资本分布结果如图3-2所示。

其中,A~S代表行业门类,A为农、林、牧、渔业,B为采矿业,C为制造业,D为电力、煤气及水的生产和供应业,E为建筑业,F为批发和零售业,G为交通运输、仓储和邮政业,H为住宿和餐饮业,I为信息传输、软件和信息技术服务业,J为金融业,K为房地产业,L为租赁和商务服务业,M为科学研究和技术服务业,N为水利、环境和公共设施管理业,O为居民服务、修理和其他服务业,P为教育,Q为卫生和社会工作,R为文化、体育和娱乐业,S为综合类。由图3-2和图3-3可知,以资本总量为基

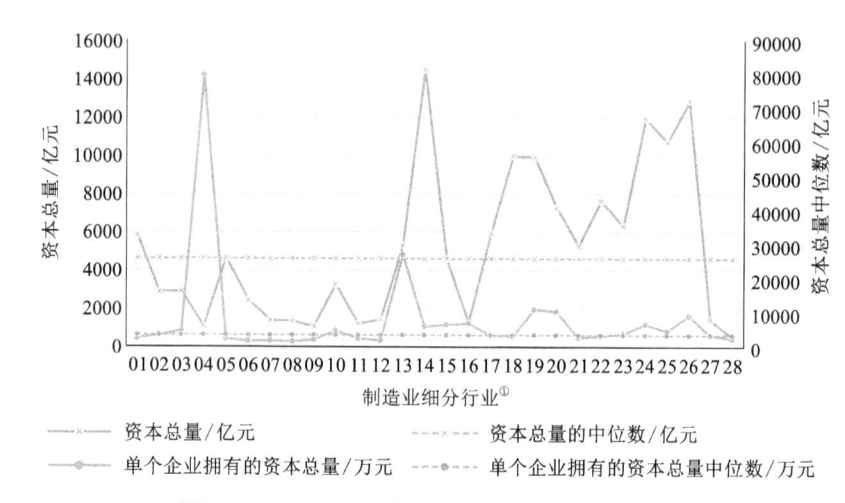

图 3-2　2011—2018 年中国各行业的年均资本分布

(数据来源：作者根据中国工业统计年鉴、国家统计局等数据库整理所得)

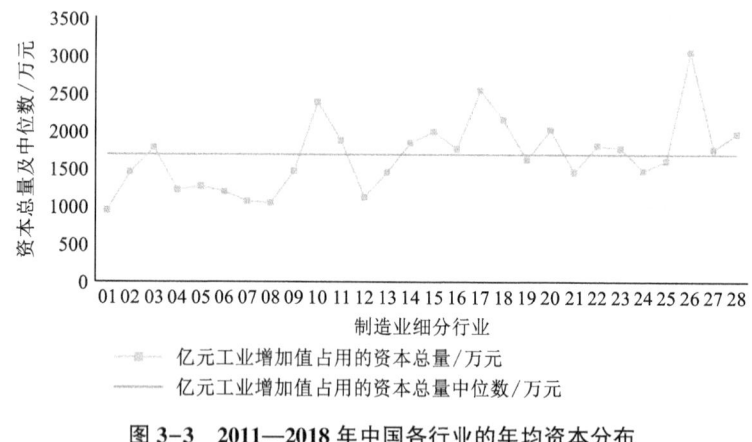

图 3-3　2011—2018 年中国各行业的年均资本分布

(数据来源：作者根据中国工业统计年鉴、国家统计局等数据库整理所得)

---

① 序号对应的制造业细分行业参见表 3-4。后文同。

准时,金融业和制造业的资本总规模超过万亿元,分别达到1.72 万亿元和 1.45 万亿元,其次为采矿业,资本总量达到4378.78 亿元,而教育、卫生和社会工作、居民服务、修理和其他服务业的资本总量排名较低,教育业仅为4.14 亿元,初步表明资本在各行业中的分布并不均衡。由于本书选取制造业为研究对象,考虑到该行业的企业数量较多,仅以该行业的资本总量是否超过全部行业平均水平来判断资本富集现象,可能导致结果存在偏差,故笔者进一步以单个企业拥有的资本总量为基准进行分析,结果显示金融业、采矿业、制造业及交通运输、仓储和邮政业这四个行业的单个企业拥有的资本总量排名较高,分别为1056.50 亿元、793.19 亿元、261.99 亿元及 196.50 亿元,远超过行业中位数 138.55 亿元,其他行业均低于该水平。此外,以亿元增加值占用的资本总量为基准时,金融业,采矿业和电力、煤气及水的生产和供应业位于行业前三,其次为制造业与交通运输、仓储和邮政业,表明相较于其他行业,这些行业能够以较少的资本创造更大的价值,亿元工业增加值所占用的资本总量较少。

综上所述,无论以资本总量、单个企业拥有的资本总量,还是亿元工业增加值占用的资本总量为基准进行分析,都会出现制造业资本总量超过行业中位数的现象,故制造业资本富集现象是客观存在的。资本富集是资本流动的结果,反映了资本在不同地区、不同行业之间的分布,最直观的体现就是资本总量的增加,在资本流动过程中创造新的价值实现资本的持续增长。

3.2.2 制造业资本富集的分布情况

根据前文的分析可知,制造业资本富集现象是客观存在的。

由于资本具有流动性、增值性和逐利性，在创新能力或盈利能力较强的行业有利于加速资本聚集，通过汇聚分散的经济资源实现资本效用的最大化。本节进一步对制造业资本富集的变化趋势、行业分布和区域分布进行分析，并以资本总量为基准，将其作为资本富集的代理变量。

1. 制造业资本富集的变化趋势

近年来，制造业资本富集水平呈不断增长，2011—2018 年的资本富集变化趋势如图 3-4 所示。

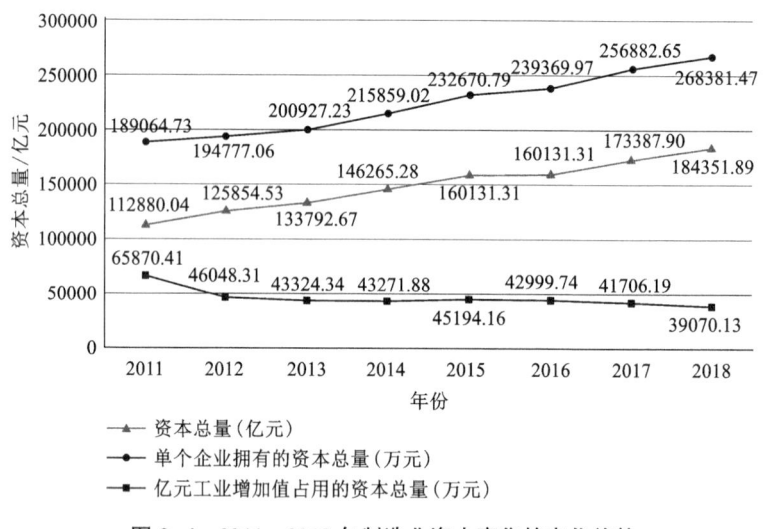

图 3-4 2011—2018 年制造业资本富集的变化趋势

（数据来源：作者根据中国工业统计年鉴、国家统计局等数据整理所得）

由此可知，制造业资本总量呈平稳上升的发展趋势，由 2011 年的 112880.04 亿元值增至 2018 年的 184351.89 亿元，增幅达到 63.32%，但同比增速有所放缓；单个企业拥有的资本总量也从 189064.73 万元增长至 268381.47 万元；亿元工业增加值占用的资本总量整体呈下降趋势，表明制造业单位资本在生产活动中创造的价值不断提高。从不同资本投资主体的层面来看，国家、集体、法人、个人、港澳台和外商等不同投资主体的资本运动和循环是制造业资本富集的重要资本来源，其变化趋势如图 3-5 所示。

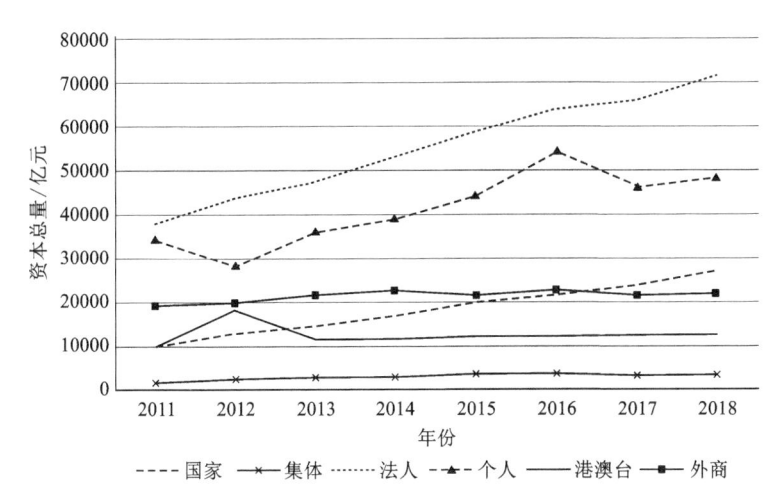

图 3-5 2011—2018 年不同投资主体视角下制造业资本的变化趋势

（数据来源：作者根据中国工业统计年鉴、国家统计局等数据整理所得）

制造业资本富集的主要资本来源于法人投资主体，既包括生产、流通领域的一般法人，又包括以商业银行、投资银行、共同基金等形式存在的机构法人，并表现为总量增加、实力分化的发展趋势，资本总量从 2011 年的 38056.05 亿元增长至 2018 年的 72043.7 亿元，增长幅度达到 89.31%，其中，2018 年其占制造业资本富集的比重达到38.08%。随着机构投资者的发展，由于其经营方式更加灵活，投资决策水平和活跃程度较高，吸纳了大量社会闲散资金，为制造业生产规模和生产力发展提供了新的空间，有效克服了经营行为的短期化倾向，极大地拓宽了制造业的筹资渠道，推动了制造业企业扩张和生产力提升。

个人投资主体也是制造业资本富集的主要资本来源，在样本研究期间内呈波动式发展趋势，并于2017年出现明显下滑，从2016年的54671.86亿元下降至46380.41亿元，占制造业资本富集的比重从30.53%降至26.75%。个人资本具有较强的收益性和投机性，数量较多且极为分散，在资本市场上表现为明显的羊群效应和处置效应，为制造业提供了重要的资金基础。

外商投资主体对制造业资本富集的影响呈稳定发展态势，与2011年相比，外商投资主体总量增长15.41%，达到21959.51亿元，占制造业资本富集的11.91%。该类资本能够与内资相互作用影响制造业资本配置效率，通过行业内部技术转移、国外企业带动或示范效应产生技术溢出，提高制造业研发能力和高新技术水平，促进其与其他国家、地区制造业企业之间的信息、技术与人才流动，进而形成利用外资实现制造业创新发展的局面。其具体实现路径如下：一是外商投资主体流入从根本上影响着制造业产业结构的物质基础，通过引入高技术含量的物质资本和技术工艺有效提高了产业技术密度，而部分缺乏竞争力的制造业行业或企业可能失去生存空间，引起制造业结构调整；二是外商投资主体流入有利于激活国内资本存量，重塑制造业原有资本结构，加速产品或技术创新，从长期来看外商投资主体的竞争优势逐渐减弱，并与国内资本形成新的开放式竞争格局，促进制造业企业纳入全球分工体系。

国家、港澳台和集体投资主体的规模相对较小。其中,国家投资主体在制造业发展进程中呈直线上升趋势,资本总量从2011年的9577.67亿元增长至2018年的27077.13亿元,并于2017年首次超过外商资本总额,占制造业资本富集的比重从8.48%增长至14.69%,表明国家对制造业财政拨款投入不断增强。一方面,以投资性资本参与制造业经济活动,推进产业结构优化;另一方面,作为资源配置的宏观调控信号,引导社会资本流向,在一定程度上反映了制造业在国家经济发展中的重要地位,而港澳台和集体资本总量较小,2018年的资本总量分别为12509.36亿元和3210.33亿元,占资本富集的比重分别为6.79%和1.74%。

2. 制造业资本富集的行业分布

前文的分析结果显示制造业存在资本富集现象,且其直观的表现就是资本总量的增加。为进一步探讨制造业各细分行业的资本富集水平,本节以资本总量为基准,按照证监会行业分类标准对28个细分行业进行分析,结果如图3-6所示。

由此可知,化学原料及化学制品制造业、通信设备、计算机及其他电子设备制造业和交通运输设备制造业这三个行业的资本富集规模排名行业前三位,分别为14485.34亿元、12844.51亿元和11927.01亿元,其次为电气机械及器材制造业、非金属矿物制品业、黑色金属冶炼及压延加工业、通用设备制造业等,资本富集规模分别为10699.05亿元、9969.20亿元、9913.86亿元、7633.25亿元,而工艺品及其他制造业、烟草制造业和家具制造业的资本富集规模相对较低,分别为503.82亿元、1046.46亿元

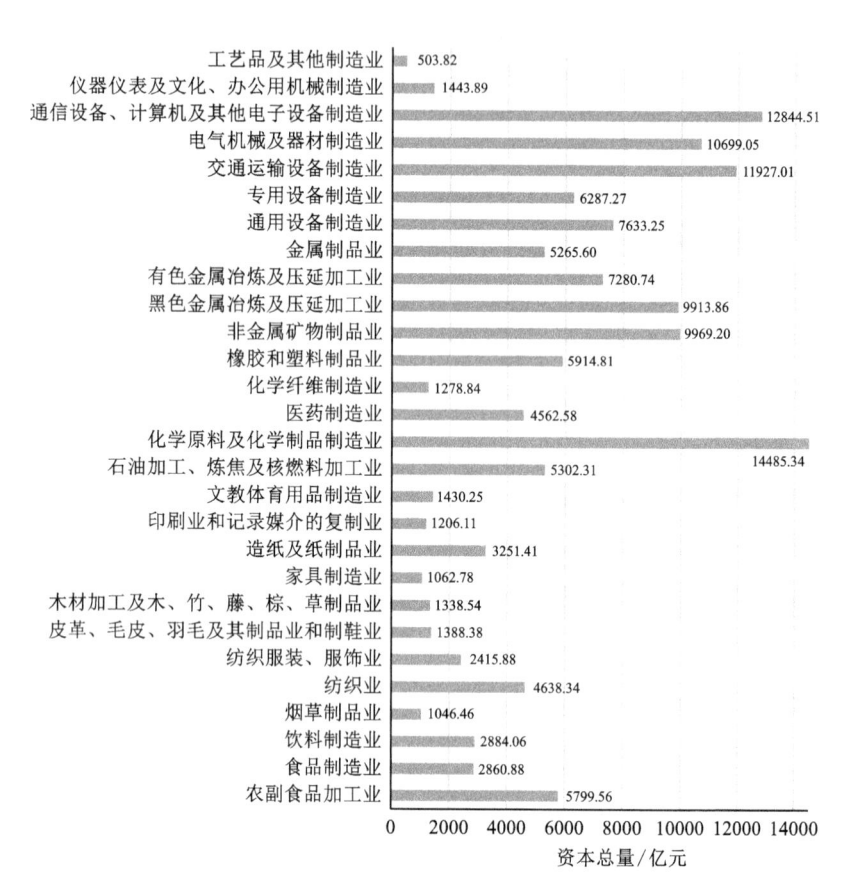

行业	资本总量/亿元
工艺品及其他制造业	503.82
仪器仪表及文化、办公用机械制造业	1443.89
通信设备、计算机及其他电子设备制造业	12844.51
电气机械及器材制造业	10699.05
交通运输设备制造业	11927.01
专用设备制造业	6287.27
通用设备制造业	7633.25
金属制品业	5265.60
有色金属冶炼及压延加工业	7280.74
黑色金属冶炼及压延加工业	9913.86
非金属矿物制品业	9969.20
橡胶和塑料制品业	5914.81
化学纤维制造业	1278.84
医药制造业	4562.58
化学原料及化学制品制造业	14485.34
石油加工、炼焦及核燃料加工业	5302.31
文教体育用品制造业	1430.25
印刷业和记录媒介的复制业	1206.11
造纸及纸制品业	3251.41
家具制造业	1062.78
木材加工及木、竹、藤、棕、草制品业	1338.54
皮革、毛皮、羽毛及其制品业和制鞋业	1388.38
纺织服装、服饰业	2415.88
纺织业	4638.34
烟草制品业	1046.46
饮料制造业	2884.06
食品制造业	2860.88
农副食品加工业	5799.56

图 3-6　2011—2018 年制造业 28 个细分行业资本富集总量的平均值

（数据来源：作者根据中国工业统计年鉴、国家统计局等数据整理所得）

和 1062.78 亿元。

从不同投资主体的视角来看，各行业资本的分布结果如图 3-7 所示。

由此可知，除石油加工、炼焦及核燃料加工业以国家资本为主外，其他行业均以法人和个人资本为主，主要流向化学原料及

第3章 制造业创新能力与资本富集的关系

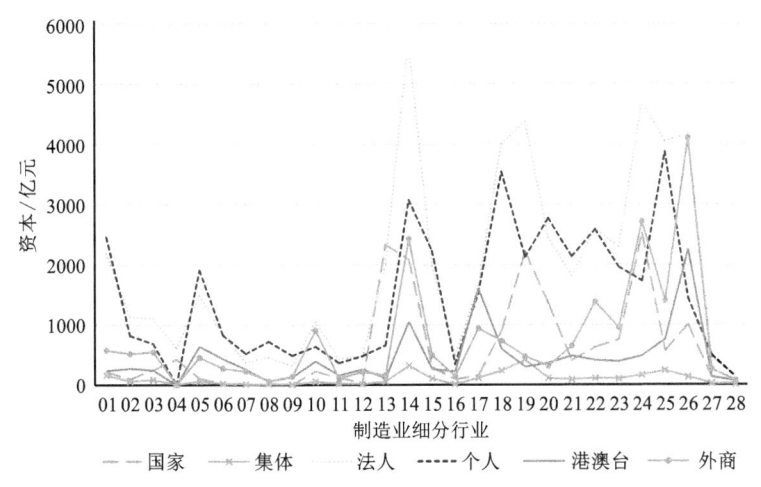

图 3-7 2011—2018 年不同投资主体视角下制造业各行业资本的分布

（数据来源：作者根据中国工业统计年鉴、国家统计局等数据整理所得）

化学制品制造业、交通运输设备制造业、电气机械及器材制造业、非金属矿物制品业等行业。外商资本主要集中于通信设备、计算机及其他电子设备制造业（4104.14亿元）、交通运输设备制造业（2717.82亿元）、化学原料及化学制品制造业（2428.49亿元）、电气机械及器材制造业（1395.42亿元）、通用设备制造业（1376.24亿元）等行业。根据前文对制造业各细分行业创新能力的测度，该类行业具有较高的创新能力，表明创新能力的提升有利于加速外商资本集聚。国家资本主要集中于交通运输设备制造业（2517.29亿元）、石油加工、炼焦及核燃料加工业（2333.22亿元）、黑色金属冶炼及压延加工业（2219.11亿元）等行业，表明资本流向可能受国家政策、战略发展目标、政府引导等宏观因素的影响，促进资本向高能耗或垄断性行业集聚。

3. 制造业资本富集的区域分布

按照国家统计局的划分标准，本节对 31 个地区的制造业资本富集分布状况进行分析。2011—2018 年 31 个地区资本富集总量的平均值如图 3-8 所示。

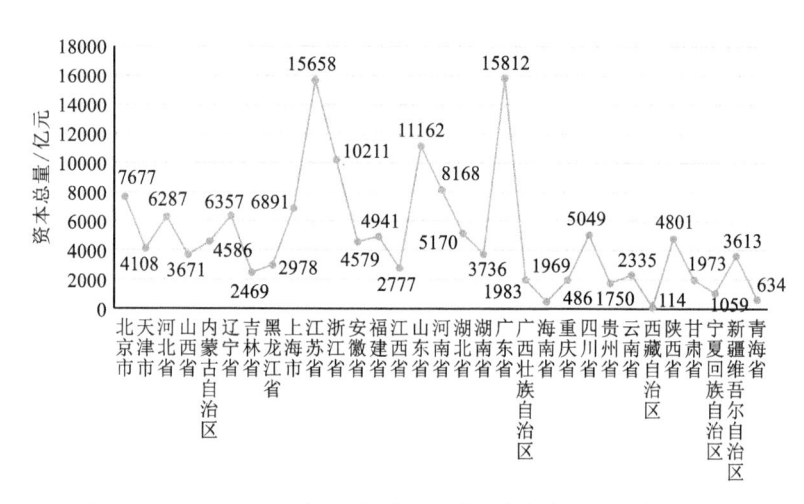

图 3-8　2011—2018 年 31 个地区制造业资本富集总量的平均值

（数据来源：作者根据中国工业统计年鉴、国家统计局等数据整理所得）

由此可知，广东省、江苏省、山东省、浙江省、河南省、北京市、上海市等地区的资本富集总量处于较高水平，且主要集中于东部经济区域，排名前三的区域资本富集总量分别为 15812 亿元、15658 亿元和 11162 亿元；西藏自治区、海南省、甘肃省、宁夏回族自治区、贵州省等地区的资本富集总量处于较低水平，且主要集中于西部经济区域，排名最后的区域为西藏自治区，资本富集总量为 114 亿元,远低于其他地区。由此可见,制造业资本富集存在明显的区域异质性,且东部经济区域的资本富集处于较高水平,西部经济区域的资本富集水平处于较低水平。

3.2.3 制造业资本富集的一般规律

1. 资本富集的行业规律

通过进一步分析发现,资本富集的行业普遍具有以下一项或多项特征:利润率较高、知识或技术密集、拥有国家政策支持、为资源性或国家垄断性行业。以烟草制造业为例,以资本总量为基准时,烟草制造业的资本总量仅为 1046.46 亿元,以亿元工业增加值占用的资本总量为基准时,烟草制造业亿元工业增加值占用的资本总量为 172.86 万元,略低于行业平均水平,但该行业单个企业拥有的资本总量达到 11325.71 万元,远高于行业中位数 500 万元,原因可能是烟草制造业属于垄断性特殊行业,利润率较高,而资本的逐利性本质导致资本不断向该行业聚集,这表明尽管制造业属于资本富集的行业,但不同细分行业之间由于自身规模、企业数量等存在差异,在资本逐利性的驱动下可能导致资本流动的不均衡性。

2. 资本富集的区域规律

制造业资本富集的区域主要集中于东部经济发达地区,包括广东省、江苏省、山东省、浙江省、北京市、上海市等地,而西部经济区域对资本的集聚作用有限,资本富集处于较低水平,包括西藏自治区、海南省、甘肃省、宁夏回族自治区等。

从区域经济发展来看，由于地理环境限制和各区域的资源禀赋差异，东部地区的经济和投资环境更为完善，政策环境也更为开放，经济资源禀赋、政策红利及良好的区位优势等为制造业企业发展提供了资金、技术、人才等优势，也为资本集聚创造了基本条件。同时，涉及国民经济命脉的重要行业和关键领域主要集中于东部地区，市场化程度较高，激发了企业整体的创新活力，有利于建立灵活高效的市场化运行机制，进而实现更高的盈利水平，这是制造业资本富集的重要驱动因素，通过技术吸引资本、人才吸引资本、政策引导资本等途径，加速了该地区制造业资本的富集。而中部尤其是西部地区经济基础较为薄弱，行政体制改革进展缓慢，技术发展水平也远低于东部经济发达地区，制造业企业创新意识较低，且受政府执行经验的影响、创新基础和创新活动配套政策的制约，创新能力和经济发展水平较为落后，对资本的吸聚作用较弱，导致制造业资本富集总量远低于东部经济发达地区，资本富集水平较低。

从区域创新环境来看，近年来各地区政府部门先后出台了相关文件，明确创新发展的重要地位和作用，但各区域创新环境仍然存在较大差异。首先，我国实行向东部地区倾斜的差异化发展战略，经济较为发达，市场需求较大，这是提高创新效率和企业利润的关键。党的十九大明确指出以创新引领，实施东部地区先行发展的战略，为制造业创新发展营造了良好的政策环境，较高的基础设施水平和劳动力素质，进一步加速了制造业资本集聚并实现资本富集。其次，中西部地区在创新政策制定方面缺乏前瞻性、开放性，尽管近年来受益于中部崛起、西部大开发等战略，但鉴于经济发展水平较低，地方财政收入有限，管理及制度体系落后，导致制造业企业创新基础较差，在一定程度上阻碍了企业创新进程和创新水平的提升。加之西部地区长期以来过度依赖国有企业的发展和政府资金供给，降低了企业创新集体意识，技术创新动力不足，创新人才流失严重，资本富集水平也低于东部地区。

3.3 制造业创新能力与资本富集的关系分析

中国制造业目前存在"索洛悖论"现象，表现为资本投入水平稳定增长，但创新产出质量和技术进步较低，关键核心技术对外依赖严重。制造业创新能力与资本富集之间的关系有待进一步探讨，这对加快中国制造业的创新驱动发展，提高全球竞争力具有十分重要的意义。

3.3.1 制造业创新能力与资本富集的逻辑结构

创新是经济增长和社会发展的根本动力（Hekkert 等，2007），也是制造业发展的关键决定因素。一方面，创新是生产要素的重新组合（Schumpeter，1912），能够促进劳动力、资本、原材料等优化配置，大幅降低单位要素生产成本，为制造业带来低成本优势，以较低的价格向市场提供优质产品和服务，最大限度地获得超额利润（陈颖等，2013；赵善梅和吴士炜，2018）。另一方面，创新意味着制造业企业成为市场竞争的先入者，这是获得低价优势的重要前提（Clemens 等，2005），有效提高了行业利润率和经济效益，使其有足够的资金基础进行技术创新，加大创新投入水平，加快创新速度。因此，创新能力的提升为制造业带来了低成本优势和定价优势，投资回报率较高，由此产生的高额利润是创新投入的重要资金来源，进一步激发了技术创新的动力和积极性，形成依赖自身惯性发展的现象（Xu等，2020）。创新能力对资本富集有正向影响，其影响路径在于：一是资本具有逐利性本质，总是向投资回报率更高的行业或领域流动，那么制造业创新能力的提升带来的高附加值和行业利润率，必然对资本产生较强的吸引力，加速资本集聚，进一步增加制造业资本富集，这也符合Jeffrey Wurgler(2001)提出的资本配置效率的判断标准；二是技术创新是促进制造业摆脱资源依赖，向资本和技术密集型产业转型的根本途径，能够改变产业要素投入结构（陆菁和刘毅群，2016），通过资本积累的数量效应和结构调整实现要素的优化配置，影响资本深化进程（Madsen，2009），并反映在资本富集上。

由于创新活动的不确定性、信息不对称性及正外部性等特征（Berger和Udell，1990），可能存在逆向选择和道德风险，容易存在融资约束问题（Hall和Lerner，2010；姜军等，2017），进而对创新能力产生抑制作用。资本是创新活动顺利实施的物质基础（Furman和Hayes，2004；蔡竞和董艳，2016），资本要素的合理投入和分配是制造业技术研发、创新发展的重要前提，当制造业资本富集程度较高时，其对创新活动的支持力度较强，进而产生技术创新"外溢效应"，有利于提高技术创新效率，加快创新速度，将资本价值转移到制造业创新成果和相关服务中，对创新能力带来促进作用。同时，资本富集水平较高的行业可通过资本市场限制竞争对手从外部取得资金，进而获得更高的竞争优势，吸引更多的资本。当资本不断向高创新能力的制造业聚集时,鉴于其逐利性本质,必然要求该行业重新进行资源整合或配置,以提高配置效率实现更高的创新能力。根据创新理论(Schumpeter,1912),资源的重新组合和由此产生的服务是新产品、新技术、新工艺产生的基础。因此,资本富集受创新能力影响的同时,也对创新能力带来促进作用,二者交互作用的逻辑结构图如3-9所示。

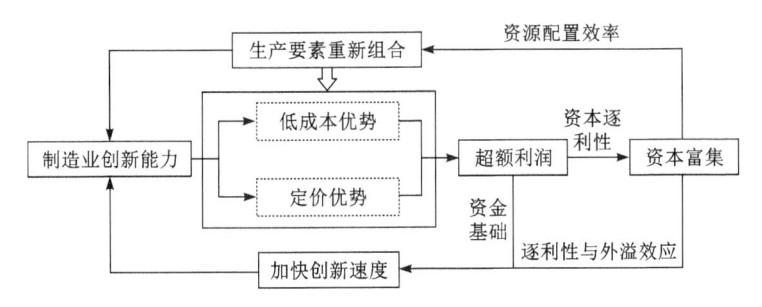

图3-9 制造业创新能力与资本富集的逻辑结构

3.3.2 制造业创新能力与资本富集的PVAR模型

1. 模型构建

为探究制造业创新能力与资本富集之间的关系,理论上可以分别对单个行业的数据进行实证分析,以控制可能存在的行业差异,但该方法忽略了不同行业的相似性,且样本量较少,可能导致分析结果并不可靠。鉴于此,本书选取面板数据计量方法,采用制造业28个细分行业的全部数据进行回归分析。从以往的研究来看,主要分析了社会资本、智力资本、人力资本等对制造业创新能力的影响,缺乏对创新能力与资本富集之间的相互关系和影响程度的研究和分析,故本文采用 PVAR 模型,从时序和空间两个维度对制造业创新能力与资本富集的关系进行系统分析,该模型同时考虑了时间效应与固定效应,有效提高了结果的可靠性和稳定性,如公式(3-4)所示。

$$Y_{it} = \alpha_0 + \sum_{j=1}^{k} \alpha_i \Delta Y_{it-j} + \gamma_i + \mu_t + \varepsilon_{it} \quad (3-4)$$

式中:$Y=(Innov, Capital)$,表示由创新能力和资本富集构成的二维系统向量,为缓解可能存在的异方差问题,在实证检验中对资本富集进行对数化;i 表示制造业各个行业;t 表示年份;k 表示滞后阶数;α_0 表示截距项向量;α_i 为误差修正项的系数向量;γ_i 为个体效应;μ_t 为时间效应;ε_{it} 为随机干扰项。

2. 单位根与协整检验

由于宏观经济指标通常存在时间趋势和非平稳的特点,故先进行单位根检验,进一步确定是否需要进行协整检验。为确保检验结果的准确性和稳健性,本书采用常用的 LL 检验法和 IPS 检验法对制造业相关数据进行检验,结果如表 3-7 所示。

表 3-7 制造业面板数据的单位根检验结果

检验方法	Innov	Capital	d_Innov	d_Capital
LL	6.646 (1.000)	-13.338*** (0.000)	-7.616*** (0.000)	-26.996*** (0.000)
IPS	6.374 (1.000)	-3.694*** (0.000)	-2.568** (0.005)	-29.563*** (0.000)

注:检验的样本区间为 2011—2018 年;d 表示一阶差分变量;括号内为统计量对应的 P 值;***、** 分别表示在 1%、5% 的水平上显著。

由表 3-7 可知，部分原始数据无法拒绝有单位根的原假设，是非平稳的时间序列，具有时间趋势。除制造业创新能力的一阶差分项统计量的 P 值为 0.005 外，其他变量的一阶差分项的统计量的 P 值均为 0.000，在 1% 的水平上显著，拒绝有单位根的原假设，表明制造业创新能力与资本富集的一阶差分变量均比较平稳，若直接采用普通回归法对变量之间的相关性进行检验，可能导致计量结果出现伪回归，须采用协整法进行分析。由于 28 个制造业行业之间可能存在较强的相关性，本书采用 Pedroni 检验法对样本数据进行协整检验，该方法更为灵活，允许面板单位存在不同的协整向量及残差自回归系数，即存在空间相关，检验结果如表 3-8 所示。

表 3-8　制造业创新能力与资本富集的协整检验结果

协整检验	统计量及 P 值
Modified Phillips-Perron t	4.448(0.000)
Phillips-Perron t	-10.169(0.000)
Augmented Dickey-Fuller t	-12.704(0.000)

注：括号内为统计量对应的 P 值。

由表 3-8 可知，Pedroni 检验汇报的三种检验统计量中，均在 1% 的水平上显著，强烈拒绝创新能力与资本富集不存在协整关系的原假设，这意味着二者具有长期、稳定的均衡关系，但该结果无法说明具体的相互影响关系，仍需进行进一步检验。

3. PVAR 模型估计

为确保模型估计结果的有效性，首先确定 PVAR 模型的最优滞后项,根据 LR、FPE、AIC、SC、HQ 准则,将 * 统计量个数最多的确认为最优滞后阶数,并尽可能选择较小的滞后阶数,减少样本自由度的损失,结果如表 3-9 所示。由此可知,制造业滞后阶数为 1 的 VAR 模型拟合优度较好,残差序列较为平稳,制造业的最优滞后阶数为 1。

表 3-9 AIC、BIC 及 HQIC 准则检验结果

Lag	AIC	BIC	HQIC
1	39.655*	41.111*	40.246*
2	39.846	41.698	40.591
3	41.503	43.963	42.457
4	44.944	48.370	45.991

注:*表示 AIC、BIC 及 HQIC 准则对应的最小值,即最优滞后期。

PVAR 模型估计一般采用 System-GMM 方法,为避免时间和固定效应可能对本书研究结果产生的偏差,在模型估计前分别选用均值差分法、前向均值差分法(Helmert)消除时间效应和固定效应,并根据前文计算的最优滞后阶数进行回归。本书选取的计量软件为 Stata15.0,PVAR 模型的 GMM 模型估计结果如表 3-10 所示。

表 3-10 PVAR 模型的 GMM 估计结果

变量	h_Innov	$h\_Capital$
$L.h\_Innov$	0.110***(0.107)	0.342***(0.060)
$L.h\_Capital$	0.401***(0.107)	0.462***(0.060)

注:h_Innov 和 $h\_Capital$ 分别表示 $Innov$ 和 $Capital$ 经过 Helmert 转换,消除固定效应后的序列;$L.$ 表示变量滞后一期;括号内的数据为标准差;*** 表示在 1% 的水平上显著。

从制造业创新能力与资本富集的 GMM 估计结果来看,以创新能力为被解释变量时,滞后一期的创新能力对自身的影响为 0.110,且通过了 1% 显著性水平检验,表明制造业创新能力对自身发展有显著的积极影响,制造业创新能力存在显著的自身惯性。滞后一期的资本富集对创新能力的影响为 0.401,通过了 1% 的显著性水平检验,表明资本富集能够显著促进创新能力提升,但具有滞后效应。以资本富集为被解释变量时,滞后一期的资本富集对自身的影响为 0.462,且在 1% 的水平上显著,滞后一期的创新能力对资本富集的影响为 0.342,且在 1% 的水平上显著,表明制造业资本富集呈现出依赖自身惯性发展的特征,制造业创新能力对资本富集具有显著的促进作用。

3.3.3 制造业创新能力与资本富集的波动传导

1. 脉冲响应

GMM 估计结果反映了制造业创新能力与资本富集之间的动态模拟过程,但不足以揭示二者的波动传导效应,为进一步考察制造业创新能力与资本富集之间的跨期影响关系,本书采用脉冲响应函数,将冲击作用的期限设为 6 期,通过模拟得到制造业创新能力与资本富集之间的脉冲响应结果,如图 3-10 所示。

制造业创新能力对自身的冲击作用如图 3-10(a)所示。创新能力受到一个标准差的冲击后,当期响应值为整个预测期间的峰值,在第一期迅速下降,但响应值均大于 0,表明制造业创新能力对自身有持续的、稳定的正向影响,并呈逐渐减弱的发展趋势,这与大多数学者的研究结论一致。从经济学的视角来看,制

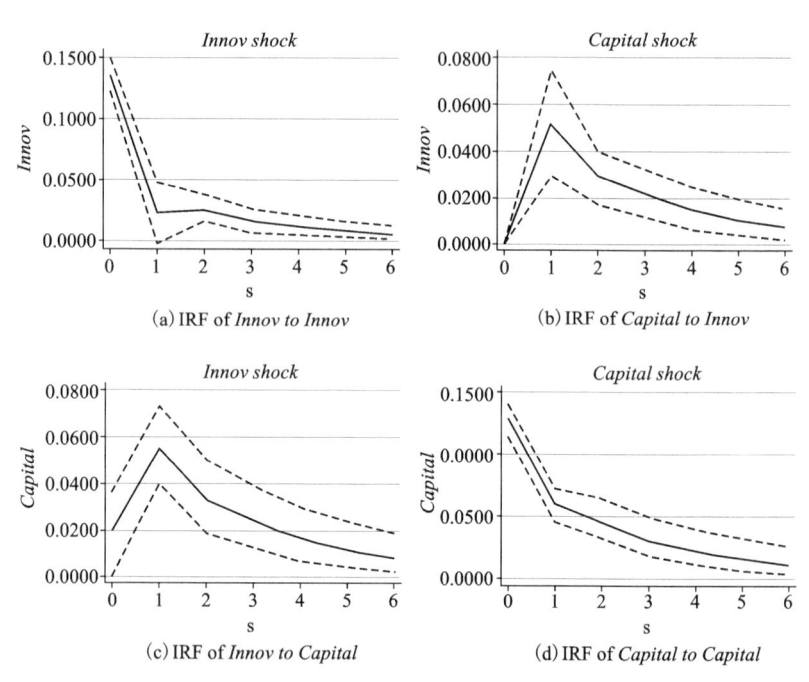

注：实线表示脉冲响应曲线；虚线分别表示95%和5%分位点的估计值；横轴表示对冲击响应的预测期数；纵轴表示冲击响应程度；s表示预测期数。

图 3-10 制造业创新能力与资本富集之间的脉冲响应图

造业创新能力与创新基础密切相关，随着时间积累，研发资金、人才等要素投入规模不断增长，制造业基础设施不断完善，新技术得以迅速传播，资源消耗带来的收益逐渐显现出来，为制造业创新活动的顺利实施提供了便利条件，有利于提高制造业创新产出能力和可持续发展能力，进而实现自我驱动，显著提高制造业创新水平，实现自我强化。

制造业资本富集对创新能力的冲击作用如图 3-10(b)所示。

第 3 章 制造业创新能力与资本富集的关系

资本富集受到第一个标准差的冲击后，创新能力的当期响应为0，并于第一期达到正向峰值，在随后的预测期间逐渐下降，但响应值均大于0，表明资本富集能够发挥预期的积极作用，有利于制造业创新能力的提升，进一步验证了 Laursen 等（2012）、余东华等（2019）等学者的研究，原因可能是工业企业制造业在发展之初采用粗放型发展模式，如依赖于低成本劳动力、土地等（苏杭等，2017），重视经济效益忽视了创新能力，对研发投入尤其是环境保护方面的研发投入不足，在创新能力无法跟进的前提下，仅仅依靠资本富集的增加难以发挥应有的效用（柳卸林等，2017）。随着制造业逐渐由粗放型转向集约型发展模式，更加注重技术创新和节能减排，资本发挥了预期作用，通过资本配置效率和研发质量的提升有效促进了制造业研发投入顺利转化为研发成果，对制造业创新能力带来积极影响。然而，资本富集对创新能力的影响随预测期的增加不断下降。从我国制造业的发展进程来看，其在全球技术产业链中仍处于中低端环节，不少制造业为劳动密集型行业，资本配置效率和研发质量有待提升，一旦出现其他新技术，对制造业现有技术或创新项目带来冲击，导致制造业资本流失，对创新能力的影响逐渐减弱。此外，资本富集对创新能力的当期响应为0，表明资本富集对创新能力的影响存在时滞性，创新能力的提升需以创新能力的长期积累作为基础，资本投入无法立即转化为创新产出。

制造业创新能力对资本富集的冲击作用如图3-10(c)所示。创新能力受到一个标准差的冲击后，资本富集的当期响应大于0，并于第一期达到最大值，随后开始减弱，但响应值始终为正。故制造业创新能力在整个预测期间内表现为先增强后减弱的波动式发展趋势,累积响应效果为正,表明创新能力对资本富集有显著的、持续的正向影响。原因可能在于:随着创新能力的提升,为行业发展带来了更高的附加值和行业利润率,资本的逐利性本质使得高创新能力的行业吸引更多的资本,即资本不断向高投资回报率的行业聚集,这一研究结果进一步验证了 Jeffrey Wurgler 所提出的关于资本配置效率的衡量标准。因此,创新能力的提升对资本产生了较强的吸引力,通过技术创新改变了资本的流动方向,并形成资本富集现象。此外,资本富集的响应结果为先增强后减弱,具有明显的波动性,原因可能是创新能力影响制造业资本流向,但一旦出现一项新产品或新技术,由于其准"公共品"性质,很容易被其他行业迅速采纳(Macho 和 Perez,2004),由此产生的其他行业的搭便车行为导致资本向其他行业或领域流动,导致未来期间制造业资本富集的响应值下降。此外,宏观经济、政府干预等因素也可能影响投资者的经济行为,进而改变制造业资本富集水平。

制造业资本富集对自身的冲击作用如图 3-10(d) 所示。制造业资本富集在受到一个标准差的冲击后响应较快,在当期及以后期间均为正值,表明制造业资本富集对自身存在稳定的促进作用,即具有自身惯性的特征,在当期为最大值,其对自身的影响不断减弱,最终趋于大于 0 的正值,原因可能是资本存在边际效用递减规律(Keynes,1936),即资本投入产生的预期利润率随着资本规模的扩大而不断下降,那么资本带来的自我强化作用逐渐减弱,这也表明资本富集并非越多越好,制造业在发展过程中应注重资本优化配置对带来的效益,而非资本规模的盲目扩大。

2. 方差分解

本书运用方差分解对制造业创新能力与资本富集之间的相互作用关系进行进一步探讨，反映单个变量的冲击对所有内生变量变化的解释程度，系统比较各冲击的相对重要性，结果如表 3-11 所示。

表 3-11 制造业创新能力与资本富集的方差分解结果

变量	s	$Innov$	$Capital$
$Innov$	10	0.818	0.182
$Capital$	10	0.191	0.809
$Innov$	20	0.818	0.182
$Capital$	20	0.191	0.809
$Innov$	30	0.818	0.182
$Capital$	30	0.191	0.809

注：s 表示预测期数。

从制造业全行业的方差分解结果来看，第 10 期和第 20 期的方差分解结果并没有明显差异，表明从第 10 期开始制造业创新能力与资本富集的波动已趋于稳定。创新能力的误差项分解结果显示，其自身贡献了 81.8% 的解释能力，资本富集贡献了 18.2% 的解释能力，表明制造业创新能力的发展主要依赖于自身惯性，同时资本富集也发挥了积极作用；资本富集的误差项分解结果显示，其自身贡献了 80.9% 的解释能力，创新能力贡献了 19.1% 的解释能力，表明资本富集的发展具有依赖自身惯性的特征，受创新能力的影响相对较小，制造业创新能力可能进入了瓶颈期或尚未达到某一门槛值，其对资本的吸引能力有限。由于二者存在对彼此的解释能力，且资本富集对创新能力的解释能力小于创新能力对资本富集的解释能力，这意味着制造业资本富集对创新能力的影响程度小于创新能力对资本富集的影响程度。

本章小结

本章构建了制造业创新能力的评价体系，并采用熵权法展开综合评价和分行业对比分析，检验了制造业资本富集现象，通过剖析制造业资本富集的变化趋势、行业分布和区域分布，得到了资本富集的一般规律，并在此基础上运用PVAR模型探究了二者的相互作用关系。本章得到了以下研究结论。

（1）制造业创新能力在样本期间内保持波动上升趋势，且具有明显的行业异质性。计算机、通信和其他电子设备制造业，电气机械及器材制造业和交通运输设备制造业等行业的创新能力较强；木材加工及木、竹、藤、棕、草制品业，家具制造业，工艺品及其他制造业等行业的创新能力较弱。

（2）制造业资本富集现象是客观存在的，在样本期间资本富集水平呈逐年上升趋势。资本富集的行业分布结果：化学原料及化学制品制造业，计算机、通信和其他电子设备制造业，交通运输设备制造业，电气机械及器材制造业等行业的资本富集水平较高；工业品及其他制造业、烟草制造业和家具制造业的资本富集水平较低。资本富集的行业规律是具有以下一项或多项特征：利润率较高、知识或技术密集、拥有国家政策支持、属于资源性或国家垄断性行业。资本富集的区域分布结果：广东省、江苏省、山东省、浙江省、河南省、北京市、上海市等地区的资本富集水平较高，且主要是东部经济区域；西藏自治区、海南省、甘肃省、宁夏回族自治区、贵州省等地区的资本富集水平较低，且主要为西部经济区域。因此，制造业资本富集存在行业异质性和区域异质性。

（3）制造业创新能力与资本富集存在长期、稳定的均衡关系。GMM估计结果表明，创新能力和资本富集对自身发展有显著的促进作用，创新能力对资本富集的影响为0.342、资本富集对创新能力的影响为0.401，且均通过了1%的显著性水平检验，表明制造业创新能力和资本富集能够相互促进。脉冲响应结果表明，制造业创新能力对自身有持续的、稳定的影响，并呈逐渐减弱的发展趋势，在整个响应期间的累积响应为正；资本富集对创新能力的冲击作用表现为先增强后减弱的波动式变化趋势，当期响应为0，在整个响应期间的累积响应为正，表明资本富集有利于提高制造业创新能力，但该促进作用随预测期的增加不断下降，且具有时滞性；创新能力对资本富集的冲击作用表现为先增后减的变化趋势，第一期达到正峰值，累积响应为正，表明创新能力对资本富集有显著的、持续的正向影响；资本富集对自身的冲击作用在当期及随后的预测期间始终大于0，但随预测期的增加逐渐减弱，表明制造业资本富集对自身存在稳定的促进作用，但边际效用递减。此外，方差分解结果表明，制造业创新能力和资本富集均存在依赖自身惯性发展的特征，资本富集对创新能力的影响程度小于创新能力对资本富集的影响程度。

第4章

基于创新能力的制造业资本富集机理分析

资本富集是制造业创新主体通过社会实践活动不断深化的过程，由于资本富集的最终目的是获取更高的收益，其可以归纳为资本的逐利行为，任何改变预期收益的因素都应成为制造业资本富集的影响因素。本章将基于创新能力的视角对资本富集影响因素进行分析，并从资本富集的拉力、推力和引力三个方面构建制造业资本富集的三维合力模型，探究资本富集的过程和路径，挖掘制造业资本富集的内在作用机理。

第4章　基于创新能力的制造业资本富集机理分析

4.1　制造业资本富集的影响因素

4.1.1　外部影响因素

1. 行业投资环境

投资是资本富集的载体，行业投资环境是资本富集的主要影响因素之一。近年来，制造业固定资产投资整体呈上升趋势，这主要源于新兴产业部门的建设需求，对先进技术设备的要求更高，激发了制造业尤其是先进制造业的发展动力，有效提升了该行业的生产效率，降低了外部成本，进而提高了资本富集水平。2011—2019年全社会和制造业固定资产投资完成情况如图4-1所示。

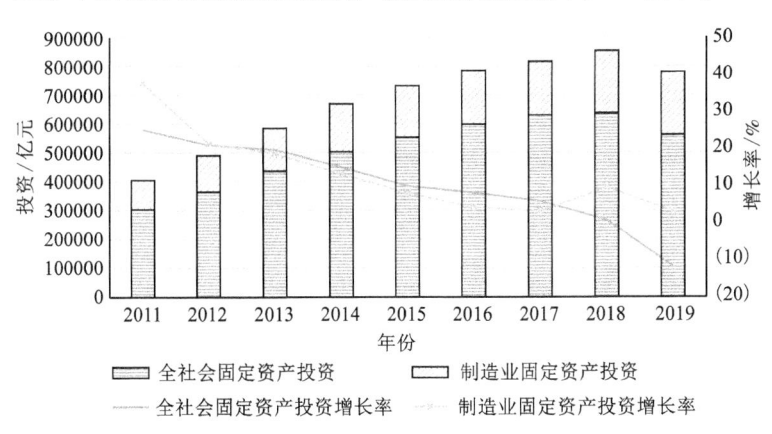

图4-1　2011—2019年全社会和制造业固定资产投资情况

（数据来源：作者根据中国工业统计年鉴、国家统计局等数据整理所得）

由于固定资产投资增长率与实际的固定资产投资计算所得的增长率存在很大出入，本书认为国家统计局相关的数据存在偏差，故采用实际固定资产投资额计算得到的增长率进行分析。

由图4-1可知，全社会固定资产投资整体呈波动上升趋势，从2011年的301933亿元增长至2018年的635636亿元，达到最高值，增长幅度为110.52%，但该年度的增长率仅为0.63%，远低于2011年的25.06%，也低于2017年的5.90%，且2019年大幅度下滑，原因可能是中美贸易摩擦的影响，美方关税加征清单中涉及的行业主要包括化学原料及化学制品制造业、金属制品业、非金属矿物制品业、黑色金属冶炼及压延加工业等，这加大了行业尤其是严重依赖对外进出口的制造业行业的投资压力，导致全社会固定资产投资增长速度急剧下降。然而，制造业固定资产投资保持小幅增长趋势，由2017年的193616亿元增长至2019年的212010亿元，这主要得益于国家政策的引导及制造业去产能后设备的更新升级，固定资产投资总规模与2011年相比上升了106.71个百分点，占全社会固定资产投资的比重维持在33%左右，表明近年来固定资产投资主要流向制造业企业。因此，与国家经济发展、行业发展相关的投资环境影响资本流向，对制造业资本富集产生了一定影响。

2. 国家政策导向

在国家政策导向下，资本向制造业流入。金融危机以来，欧美等国相继发布以"重振制造业"为核心的发展战略，积极促进制造业结构性调整，全球制造业呈现智能化、网络化、服务化的趋势。我国始终将制造业作为国民经济的核心，其占全球的比重连

第 4 章　基于创新能力的制造业资本富集机理分析

续多年稳居第一位，主要产品生产能力显著提高，各政府部门依赖资本和资源投入形成了重化工业化趋势（吴敬琏，2006），对制造业投资行为产生了极大影响。通过国家政策在金融、投资、产业发展等方面的宏观调控和引导作用，直接、间接干预制造业各生产要素的市场价格及技术选择，具有较高资本密集要求的新技术被应用于制造业企业，为资本富集提供了可能。但同时也应注意，制造业投资行为受其所处的政策环境的影响（唐雪松等，2010），过度的政府干预也可能扭曲要素价格，无法反映真实的投资成本、收益，导致投资回报及边际效率下降，影响制造业投资效率。

在国家政策导向下，制造业内部结构调整。国家政策引导是制造业稳定发展的前提，也是确保投资稳定的必要条件。2014 年、2015 年提出的"全面化解产能过剩""稳步化解过剩产能""三去一降一补"等任务，对制造业产能利用率产生了积极影响，并于 2017 年达到相对高点。根据前文的分析，2018 年制造业投资有所回升，但对产能利用率的影响较弱，且主要集中于化学原料及化学制品、橡胶和塑料制品等中游制造业，这在一定程度上表明近年来的制造业投资主要依赖于较高产能利用率的技改和设备升级。2015 年提出的《中国制造 2025》发展战略，旨在以创新驱动实现制造业转型升级，推动其在全球产业链的位置从中低端迈向中高端环节，提高产业整体效益。而制造业创新转型升级需寻求多元化资本支持，各政府部门通过政策引导、政策优惠、金融信贷、行政指令、加强对制造业企业投资倾斜等途径引导社会资本的投资行为，促进制造业企业吸收、引进先进技术，改造升级生产设备等，实现长期技术进步，提高制造业产品质量和劳动生产率,进一步提高资本富集水平。

3. 经济发展水平

改革开放以来,制造业因成本和劳动力优势快速融入全球分工格局,为制造业发展奠定了重要的基础。随着我国加入世界贸易组织,制造业在全球价值链中的进入壁垒进一步降低,我国发展成为世界主要的制造业加工基地,促进资本从国际向国内市场转移,吸收更多的外资向制造业流动。但随着制造业的国际竞争日益加剧,美国、英国、德国等制造业先行强国先后采取各种措施,制定"制造业回流"战略,营造良好的经商环境吸引国内外投资,这可能导致制造业资本从国内向国际市场转移,不利于我国制造业资本富集。

从国内经济发展来看,由于不同区域经济发展水平存在差异,制造业区域结构和区域资本富集水平呈不同发展阶段。珠三角、长三角、京津冀等东部区域是国民经济的主体,金融市场发展处于较高水平,能够吸引更多的资本形成经济商圈,并逐渐发展为技术密集型制造业聚集区域,形成较高的资本富集水平,资本驱动功能明显高于中西部地区(郑若谷,2010)。河南、河北、山西等中部地区制造业相对集中,以烟草制品业、纺织业、金属冶炼及压延加工业等单一资源加工型制造业为主。随着经济发展、扩大内需政策出台等,中部地区市场释放更多的产品需求,表现出巨大的投资潜力,这为资本的跨区域流动提供了可能,促进资本从东部向中部转移。而新疆、西藏、青海等西部区域的经济基础较为薄弱,人才素质偏低,制造业规模较小,加之不完善的投融资环境和单一的产业形势,对资本富集的作用有限,尽管在西部大开发等政策支持下,其引入了大量政府资本和社会资本,但鉴于资本的逐利性本质和自发流动行为,长期来看西部地区制造业资本富集缺乏可持续性。

随着我国经济发展由高速增长转向高质量转型,制造业支撑条件发生了明显变化,其对资本富集的影响如下:一方面,劳动力增速放缓,土地等自然资源和环境容量的压力持续增长,导致制造业要素成本上升,低成本优势逐渐减弱,粗放型资源消耗模式不仅影响制造业资本富集,还会带来高污染、高排放、高能耗,影响制造业可持续发展。另一方面,经济结构升级要求制造业发展从"要素驱动"转向"创新驱动",传统发展动力下降,迫切要求制造业进行转型升级,提高要素利用效率和投资收益,避免造成制造业资本流失,这给制造业资本富集同时带来了机遇和挑战。经济发展水平是影响制造业资本富集的主要因素之一。此外,贸易壁垒、市场规模、金融管理制度等外部宏观政策和体制环境,也会影响资本流动,进而对制造业资本富集水平产生影响。

4.1.2 内部影响因素

1. 研发投入

改革开放以来,我国制造业投资额稳步增长,但制造业关键核心技术、先进机器设备等对外依赖严重,不同行业之间的创新能力存在差异,制造业在国际价值链分工中仍处于附加值较低的层次。研发投入是制造业技术创新的基础,与资本和劳动力一样是行业重要的生产要素,受新一轮技术革命的影响,越来越多的制造业企业将人工智能、信息技术等应用于创新发展过程中,通过技术引进、技术改造、R&D 人员投入、R&D 经费投入等改进制造业生产设备、生产线及产品架构，进而提高行业竞争力和生产效率，带动制造业更新升级，对资本富集产生一定促进作用。近年来，制造业研发投入的主体地位不断增强，2011—2019 年研发投入情况如图 4-2 所示。

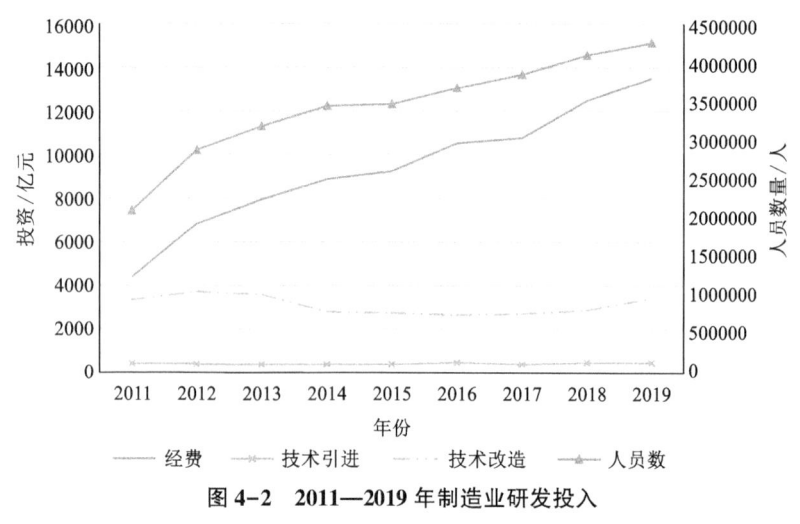

图 4-2　2011—2019 年制造业研发投入

（数据来源：作者根据中国科技统计年鉴整理所得）

由图 4-2 可知，2011—2019 年制造业 R&D 经费和 R&D 人员投入呈直线上升的发展趋势。其中，R&D 经费从 2011 年的 4378.77 亿元增长至 2019 年的 13512.88 亿元，增长幅度达到 208.60%，经费投入主要集中于计算机、通信和其他电子设备制造业，交通运输设备制造业，电气机械及器材制造业等高技术产业。技术引进投入规模小幅增长，2011 年至 2019 年的增长幅度为 11.37%，不仅有利于制造业培育核心技术优势，还能最大限度地发挥国外技术溢出效应，形成对全球资本的虹吸效应，但其占 R&D 经费的比重持续下滑，表明制造业逐渐从依赖技术引进模式，转化为自主研发模式，国内技术供给能力有所提升。技术改造投入主要集中于传统制造业，旨在提升其技术效率。根据新古典经济增长理论，技术进步若表现为资本设备技术，则可为制造业带来超额利润，实现更高的资本回报率，有效拉动制造业"投资提振"效应，但从 2014 年开始制造业技术改造投入呈下滑趋势，原因可能是制造业企业去产能和盈利回落制约，减少了技术改造相关的设备投资，尽管 2017 年之后有小幅提升，但体量有限。R&D 人员是制造业创新知识的主要创造者和传播者，R&D 人员数量从 2011 年的 209.42 万人增长至 2019 年的 425.71 万人，增长幅度为 103.28%，为制造业自主研发、国外技术引进等提供了人才保障，有利于提高制造业基础研究转化率和产业化承载能力。

整体来看，制造业研发投入规模不断扩大，为制造业创新活动奠定了坚实的资金和人员基础，营造了良好的技术创新环境，对制造业向"高端创造"转变具有重要的推动作用。尽管有学者研究认为研发投入存在滞后性，但长期来看研发投入能够有效提高单位资本与单位劳动力产出水平，形成"溢出效应"，带来产出的额外增长（Falk，2007；Zhang 和 Liu，2018），进而提高制造业投资回报率和物质资本的边际生产率，这对制造业在全球价值链中的增值能力具有重要作用，也是维持长期竞争优势的来源，有利于资本流入。

2. 劳动力素质

在制造业发展初期，社会总产出主要依靠廉价劳动力投入和物质资本实现，劳动力素质对制造业的影响并不明显，但随着经济发展和劳动成本不断上升,制造业传统人口红利优势消退,生产经营活动对劳动力的依赖性逐渐从规模增长转向劳动力素质提升,这在我国从"制造大国"向"制造强国"的转变中发挥了关键作用。劳动力素质主要通过影响制造业结构而对资本富集产生影响,其具体路径有两方面。

一方面,创新活动离不开高素质人员的支撑,较高的劳动力素质能提高制造业劳动人员对新技术、新方法的接受和应用程度,并通过知识提升、技术进步、分工与专业化作用于生产效率,拉动制造业整体劳动生产率,使制造业生产从劳动密集型逐步向技术密集型转移,有效提高对资本的吸引力。相较于低素质劳动力产生的低成本优势,拥有高素质劳动力的制造业与国外进行技术合作时,能更好地发挥技术溢出效应,为制造业创新发展提供前提和基础,其对制造业结构升级的推动作用更为稳定(阳立高等,2018)。另一方面,劳动密集型、资本密集型、技术密集型制造业对劳动力数量和劳动力素质的需求存在一定的差异,对劳动力素质提升产生的成本增长敏感度和承受能力有所不同。一般来说,低端、劳动密集型制造业过度依赖低廉的劳动力资源,对劳动力成本增长的敏感度较高,承受能力较弱,劳动力素质提升对该类制造业发展表现出制约作用,制造业不得不引进更先进的机器设备或通过技术创新获取更高的劳动生产率、产品竞争优势等,以应对劳动力成本增加产生的负面效应;而资本密集型、技术密集型制造业对劳动力成本的敏感性较弱,承受能力较强,能进一步优化制造业劳动力素质结构,加速产业结构调整,同时还会导致消费结构和要素禀赋等发生变化,促进制造业向高端升级,提高其在全球价值链的地位。

综上所述，高素质劳动力能够推动制造业结构升级，优化生产要素在制造业内部的配置，对物质资本效率有明显的改善作用，进而带来更高的边际收益和制造业产值，在资本追求更高利润的内在要求下，驱动资本在高端制造业行业集聚，为资本富集创造条件。

3. 要素禀赋与要素价格

根据新古典要素禀赋论，要素禀赋决定了产业发展初期的资本密集度，是决定制造业产业结构及其特点的直接因素。由于不同行业的要素禀赋不同，各行业产品生产差异化，并反映到产品市场上，通过供给和需求平衡影响价格波动，进一步反映到产品的收益变化中，影响资本富集水平。

改革开放之后，我国制造业增加值持续增长，并成为世界第一大"制造工厂"，在国际分工体系中发挥了重要作用。制造业拥有低劳动力成本优势，产业体系和配套设施较为完整，且主要分布于资源较为丰富的珠三角、京津冀等工业区。在市场竞争环境下，资本追求利润最大化，必然导致制造业生产按照要素禀赋结构进行最优配置，表现为向规模较大、经济效益较高的行业流动，形成制造业比较优势（张峰等，2018）。在发展初期，要素禀赋可为制造业发展提供充足的原材料、劳动力等资源需求支持，但资本要素相对稀缺，价格昂贵，理性的制造业企业在生产经营活动中倾向于使用更多的劳动力，而减少资本要素的投入，以提高制造业企业经济效益，但随着制造业生产规模持续扩大，劳动力等要素逐渐被吸收到制造业生产过程中，这将导致基础资源价格需求逐渐呈现稀缺性（Koebel 等，2016；Ryzhenkov，2016），要素价格上涨,而资本相对价格下降,企业开始偏向资本要素的使用,使得资本密集程度不断提高。然而,在节能技术创新无法及时跟进的前提下,要素禀赋对经济效应的促进作用可能转化为约束作用,导致资本流失。

近年来,制造业资本表现出向更高附加值的中高端服务业转移的态势,煤炭、钢铁等制造业行业受去产能、环保限产等因素的影响,盈利水平和投资规模均大幅下滑,尽管先进制造工艺、技术设备等在一定程度上提高了资源依赖型制造业行业的资源开发利用率,但时间上存在滞后效应,对制造业发展的支撑力度也逐渐减弱。反之,技术密集型的中高端制造业和新兴制造业逐渐向核心城市集聚,呈现明显的资本富集现象。

4.2　制造业资本富集的动因

4.2.1　制造业资本富集的拉力

拉力是物理学概念,是物体受到外力的影响而发生的形变,从作用对象来看,分为内部拉力和外部拉力。本书对制造业资本富集拉力的研究是基于制造业主体的内部拉力,即在资本富集形成过程中对资本的拉动作用。

1. 制造业产业升级对资本富集的拉力

现有学者对资本富集与产业升级的研究主要集中于资本为产业发展提供了重要的资金基础,但产业升级也是产业从附加值较低的生产结构向附加值较高的生产结构转型的过程(李国学和张宇燕,2010)。

制造业产业升级对资本富集的拉力作用主要表现为:在产业低端环节,制造业企业主要从事简单的生产加工业务,对产品研发、技术创新、管理效率等方面的需求较低,劳动工资也处于较低水平。随着制造业产业升级,其逐渐向具有更高技术创新水平的高新技术行业延伸,在产业链的位置也向中高端转移,且主要集中于垄断竞争行业,通过研发不断获得新产品、专利等,利润率有所提升,在技术密集型中间品生产过程中提高了对技术创新的需求,并进一步将生产服务外包给专业化企业,降低生产成本,提高生产效率。同时,制造业产业升级能够通过关联产业技术渗透,为传统制造业的发展提供技术支撑,实现上下游相关产业生产要素的合理配置,从整体上提高制造业增加值。因此,制造业产业升级以技术创新为载体,主要表现为制造业技术升级、产品质量改善、资源利用效率和生产效率提升等,鉴于资本增值的内在要求,拉动资本向存在较高剩余价值和利润率的行业集聚,是制造业资本富集的主要拉力之一,如图4-3所示。

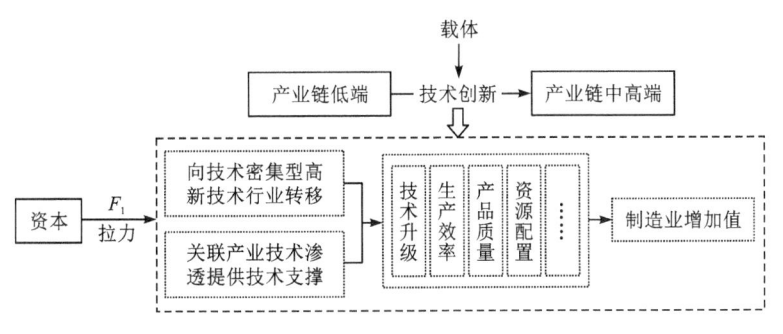

图4-3 制造业产业升级对资本富集的拉力

从实践发展来看,近年来制造业增加值及其占国内生产总值的比重的变化趋势如图 4-4 所示。

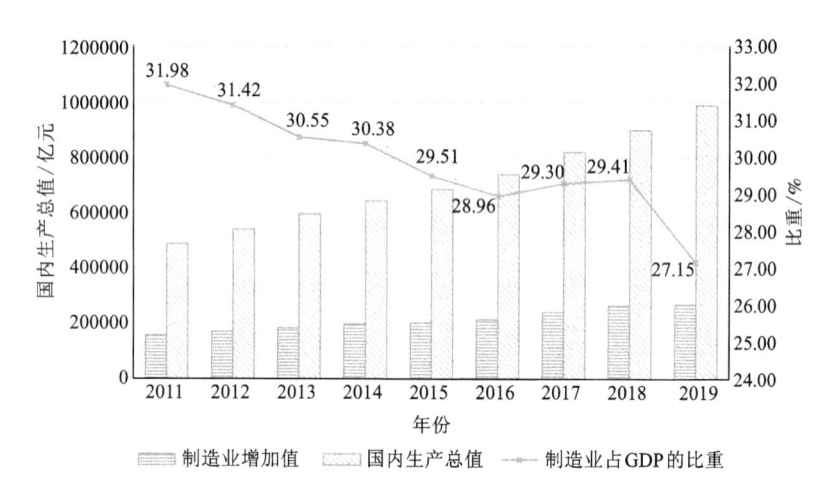

图 4-4 2011—2019 年制造业增加值及其占国内生产总值的比重的变化趋势

(数据来源:作者根据中国工业统计年鉴、国家统计局等数据整理所得)

由图 4-4 可知,制造业增加值呈逐年递增的趋势,从 2011 年的 15.65 万亿元增长至 2019 年的 26.90 万亿元,年均增速为 8.05%,其占国内生产总值的比重从 2011 年的 31.98%下降至 2019 年的 27.15%,原因可能是,首先,制造业产业结构调整和对外贸易波动,给部分高能耗、高污染的制造业及依赖出口的加工制造业带来了一定冲击,这也表明制造业逐渐进入高质量发展阶段,党的十九大提出制造业是实体经济的核心,要确保制造业高质量发展实现经济增长。其次,制造业成本不断上涨,部分低效率企业不得不改变投资方向,致力于技术提升甚至退出市场,进而优化行业资源配置,逐渐转向高效率、技术或资本密集型产业结构转移。再次,部分制造业向外转移也对制造业比重下降带来了一定影响。尽管制造业增加值增速放缓，但伴随着新技术、新产业的发展，劳动力技能水平得以提升，为制造业转型升级提供了大量高素质劳动力资源，技术创新和研发带来的正向影响日益突出，产业重心开始从低端环节向中高端迈进，有利于提高制造业产品附加值和其在全球价值链中的份额。

2. 互联网技术渗透对资本富集的拉力

传统制造业企业流程较为烦琐，需经历设计、运输、发货、销售等环节才能完成制造过程，附加值和技术含量较低，难以满足多样化市场需求。2015年"互联网+"行动计划的推出，使物联网、云计算、大数据等核心技术渗透到产业各生产经营环节，制造业企业积极搭建互联网商业平台，在国内、国际市场中的参与度不断提升，推动了制造业产业链、经营管理、生产销售的结构重组，通过参与市场竞争、整合内外部资源、提高管理者能力、转变经营方式等，有效改善了制造业资本有机构成和剩余价值率，并通过影响制造业资本密集度和劳动生产率形成了资本富集的拉动作用，如图4-5所示。

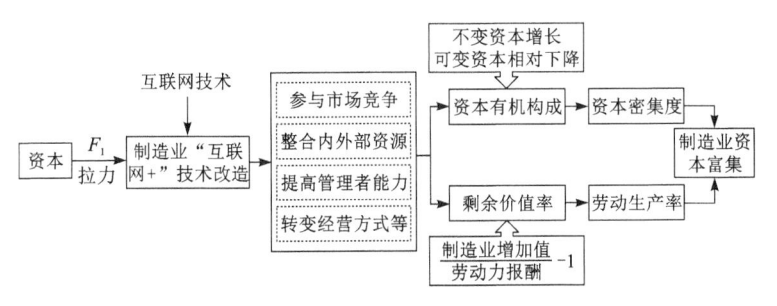

图4-5 互联网技术对制造业资本富集的拉力

从资本有机构成的视角来看，与2011年相比，2019年制造业固定资产投资规模逐年递增，增长幅度达到110.52%，即制造业不变资本不断增长，而技术发展导致劳动力可变资本相对下降，影响制造业资本有机构成。根据资本积累理论，不变资本比重的提升有利于优化资本结构，实现资本从量变到质变的转变，加上互联网平台经济发展，制造业不变资本将保持上升趋势，通过技术驱动优化资本结构，带来更高的生产率和资本密集度，以"互联网+"为载体，提升制造业产业链价值，形成资本富集的拉力。随着制造业增加值和劳动力报酬的不断提升，二者之差的增长趋势并不完全一致，导致剩余价值率（制造业增加值/劳动力报酬-1）有所增长，进而促进资本总量的扩大，实现更高的价值增值和利润优化，这表明制造业互联网技术改造能够通过影响劳动生产率而提高剩余价值率，不仅可以促进本阶段制造业资本富集，还能为下阶段制造业再生产提供更多的预付资本，增强制造业在固定资产投资、研发投入等方面的支出，促进下阶段资本渗透。

4.2.2 制造业资本富集的推力

1. 资本的逐利性对资本富集的推力

资本的逐利性是制造业资本富集的内在规律和首要推动力，在市场经济环境下，资本不断参与制造业生产经营活动中占有、支配剩余价值的活动，进而实现资本增值，而这一过程是在资本的无限反复运动中实现的。根据新古典经济学理论，资本和劳动力一样能够在空间范围内自由流动，这将促进制造业生产要素的

第 4 章　基于创新能力的制造业资本富集机理分析

重新分配,进而影响资本的边际生产率和产出水平。从理论上来说,不同行业或同一行业不同的细分领域或地区之间的资本收益率存在差异,在逐利性的驱动下,资本将不断流向收益率较高的行业或领域,以寻求利润最大化,其将凭借良好的创新能力、税收优惠政策等带来资本存量的增长,并进一步作用于行业技术创新、生产要素投入,形成资本富集的正反馈效应,即制造业资本富集表现出依赖自身惯性发展的特征。樊潇彦(2004)对不同行业和地区的资本存量和资本收益率进行测算,发现大多数竞争性行业的资本收益率在发达地区更高,且长期来看资本主要流向东部地区的电子通信、电子机械等制造业高收益行业,即资本的逐利性驱使资本向有利可图的行业或区域流动。资本逐利性对制造业资本富集的推力如图 4-6 所示。

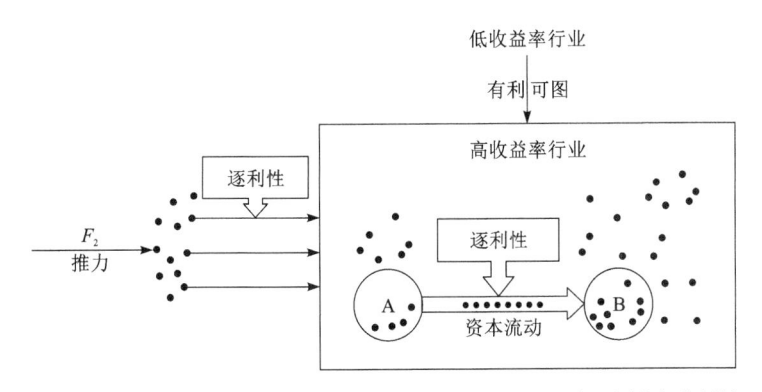

注:●●● 表示资本; ⟶ 表示资本流动的方向; A 表示同一行业内不同的细分领域;
B 表示同一行业内不同的地区。

图 4-6　资本的逐利性对制造业资本富集的推力

资本的本质属性导致资本的流动具有明显的价值增值倾向,若没有差额利润或价值增值,那么资本流动就失去了动力,也就不会形成资本富集。根据美国学者 Friedmann(1966)对空间组织阶段理论的研究，要素流动在不同阶段依次呈现分散、集中、回流扩散、分散的特征，这在一定程度上也反映了制造业资本富集的特征，即制造业在产业结构、政策扶持、创新能力等方面的突出优势，吸引资本向该行业集聚，形成资本富集，但随着越来越多的资本流入，资本的边际收益率呈递减规律，当其低于其他行业边际收益率时，将导致资本向其他行业转移，形成资本的扩散流动。此外，要素资源禀赋、投入产出价格、劳动力技能、创新能力等因素也会影响资本收益率(Webber, 2015)，资本富集能力取决于该行业在上述因素综合作用下产生的最大资本收益率，而资本的逐利性发挥了重要推动作用。

2. 资本空间发展的不平衡性对资本富集的推力

资本空间发展的不平衡性揭示了资本在空间的流动方式和运行轨迹，是马克思理论中关于资本逐利性本质的经典理论。若制造业不同部门、行业或所处地区的劳动生产率和发展程度均处于同一水平，那么资本就失去了追求利润的动力，因此资本空间发展的不平衡性为资本富集提供了前提。

根据哈维的"资本三循环"理论，资本的逐利性是资本流动的起点，这揭示了资本循环的一般规律，其对制造业空间发展的作用不仅体现为简单的空间代替，还会在制造业各行业或部门之间建立符合制造业内生规律的组织系统，成为维持制造业发展的主要推动力。本书结合"资本三循环"理论，认为资本空间发展的不平衡性对资本富集具有推力，如图4-7所示。

第一阶段是制造业资本集聚和空间生产，该阶段资本运作的

第4章 基于创新能力的制造业资本富集机理分析

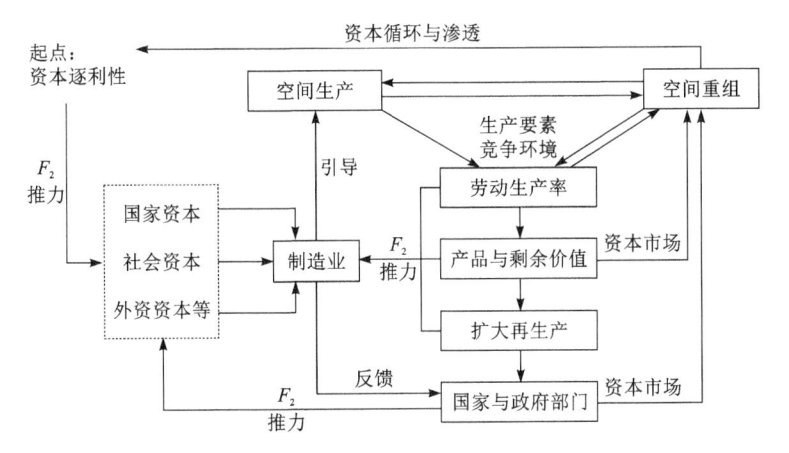

图 4-7 资本空间发展的不平衡性对制造业资本富集的推力

组织形式以国家政策导向和政府部门主导为主，大量国家资本和社会资本集中流入某一细分行业，改变了制造业生产要素和竞争环境，极大地提高了行业技术水平与劳动生产率，在一定程度上促进了制造业生产力的发展和产业结构的转变，并开始出现不同行业或部门之间的创新能力差异。按照资本的运动规律，这时资本在制造业不同行业或部门流动的自由性达到最大，并开始进行空间重组，即第二阶段的资本循环。在第二阶段，各投资主体为获取最大的投资回报率开始向创新能力更高的通信设备、计算机及其他电子设备制造业，交通运输设备制造业，电气机械及器材制造业，通用设备制造业等行业集聚，通过资本的流动实现价值增值，这进一步加剧了资本空间发展的不平衡性，该阶段以自发式资本运作模式为主。第三阶段是资本渗透，随着创新能力的提升，资本主体为追求更高的利润，在制造业不同的空间范围内以不同形式循环流转，并渗透到其他领域形成资本渗透，影响与制造业生产活动相关的其他社会关系。

资本空间发展的不平衡性在影响制造业资本富集的同时，最关注的是能否实现资本投资回报的最大化及由此产生的价值增值，资本流动、资本循环、资本渗透等都是资本获取经济效益的手段，在政府和资本市场的共同作用下推动制造业劳动生产率的提升和剩余价值的增加，进而实现制造业扩大再生产，能加速资本循环，带来更高的剩余价值率。

3. 政策和市场环境对资本富集的推力

政策和市场环境是制造业资本富集的主要推动力之一。首先，政府具有一定的资本资源，在市场经济发展的同时，为巩固和发展国家实力，对资本流向发挥了重要推动力。从政府干预制造业发展的政策可以看出，优先发展和扶持高新技术制造业的政策对该类行业的资本富集发挥了决定性作用，如税收优惠政策、技术转让优惠政策、政府资金资助等，有效推动了资本向高新技术行业集聚。2017年颁布的"金融支持制造强国建设"的相关政策文件，明确强调要增强金融机构对制造业科技创新的支持力度，加速了资本向制造业行业的流动。因此，政府基于国家战略发展目标能够通过政策制定引导资本流向，推动资本在制造业某一行业或领域的聚集，在国家、社会团体和制造业企业中承担着桥梁和纽带作用。其次，政府为实现经济目标或国家战略目标，往往会制定与制造业产业发展相关的政策措施，如对高新技术制造业加大固定资产投资、实施税收减免、重点扶持或调整等，引导资源要素在不同行业之间实现有效配置。根据前文对资本富集一般规律的归纳整理，资本富集的行业可能拥有国家政策支持，属于资源性或国家垄断性行业，政策环境对制造业产业布局的影响越来越显著，对推动政府资本、引导社会资本向制造业富集有积极推动作用。

此外，政策和市场环境还会推动外商资本投向先进制造业领域。如上海、江苏、山东等地方政府的外商引资政策以价值链高端为主，从传统产业向高度高端制造业和服务业转化，这对制造业外商资本富集产生了重要推动和引导作用。从市场环境的视角来看，市场是制造业资源配置的主要渠道，能根据供需平衡决定制造业产品的生产和销售，进而影响制造业资本配置，形成资本富集。市场环境对制造业资本富集的影响是间接性的，受政治、法律、经济、市场竞争等因素的影响，其中，政治稳定是制造业企业发展的外部条件，法律体系是保障制造业市场公平的基础，经济环境影响制造业经营风险和产业结构调整，市场竞争贯穿于制造业企业从建立到产品生产、销售的各个环节，并最终影响制造业资本收益率，影响资本富集水平。

4.2.3 制造业资本富集的引力

从物理学角度来看，引力是空间中两个物体或微小粒子之间的吸引力。本书从创新能力和盈利水平两个方面分析其对制造业资本富集的引力，这种引力可视为对资本产生持续吸引作用的磁场，并呈现以下特征：一是强辐射性。高创新能力、高盈利水平形成的磁场对场外资本产生较强的作用力，改变了整个资本市场中的资本流动和集聚速度，促进资本的重新组合与配置。二是明确的方向性。由于高创新能力往往会带来垄断利润，在资本逐利性和空间发展不平衡性的推动作用下，资本流动呈现出从低投资回报率、低利润水平的行业或领域流向高投资回报率、高利润水平的行业或领域的趋势(如图4-8所示)。

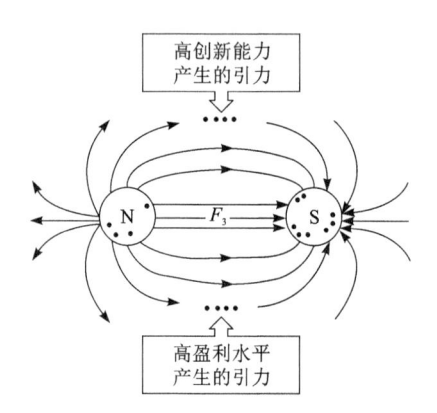

注：••• 表示资本；⟶ 表示资本流动的方向；N 表示高创新能力或盈利水平的行业或领域；S 表示低创新能力或盈利水平的行业或领域。

图 4-8 制造业创新能力与盈利水平对资本富集的引力

1. 制造业创新能力对资本富集的引力

美国学者 Abernathy 和 Utterback(1978)指出产品和工艺创新的动态变化是产业演化的主要影响因素，并将其划分为流动、转移、专业化三个阶段，构建了创新与产业演化的动态过程模型(如图 4-9 所示)，解释了创新与产业发展的内在关联。对制造业而言，在流动阶段产品市场具有较高的不确定性，技术创新需要大规模的资金、人员等创新资源投入，产品功能尚不完善，制造业企业往往聚焦于产品创新，并将多样化的产品投入市场，该阶段尽管生产工艺较为灵活，但技术不稳定度较高，市场模仿者不断涌现；在转移阶段，制造业技术经验不断积累，并开始进行

第4章 基于创新能力的制造业资本富集机理分析

大规模生产制造,从产品创新转向工艺创新,出现工艺自动化现象,该阶段以市场需求为导向,以制造商为创新源;在专业化阶段,为提升生产率和生产质量,制造业进一步实行渐进型产品与工艺创新,生产效率和资本密集度更高。

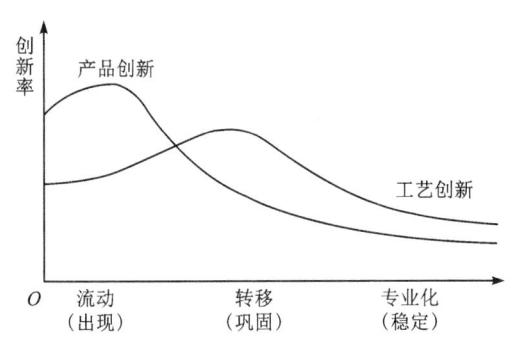

图 4-9　A-U 制造业创新动态过程模型

因此,创新决定了制造业发展阶段,是技术进步的主要途径,而资本富集往往伴随着技术进步和技术转移,这一过程有效改善了制造业劳动生产率和资本的有机构成,有利于产生更高的剩余价值率,形成资本富集。一方面,创新推动了新技术、新设备、新生产工艺的应用,极大地改善了制造业劳动生产率,即单位劳动力占用的不变资本增加,为满足制造业生产需要,来自资本主体的不变资本投资额增加,并随制造业产出的增长带来更多的剩余价值。与生产率提高之前的可变资本相比,其绝对数也有所提高,进一步加速了资本在制造业不同行业的流动和集聚。另一方面,在资本积累率不变的前提下,由于单位劳动力支配的不变资本和预期产出提升,制造业资本的有机构成得到了改善,制造业剩余价值量不断扩大,对资本富集有促进作用。但同时也应注意，资本有机构成在发生改变的同时，将导致可变资本需求下滑，若剩余价值率不变，那么制造业剩余价值将会减少，对资本富集产生抑制作用，但总体而言，创新对制造业劳动生产率和资本有机构成的影响有利于增加制造业产出。鉴于资本的逐利性本质，创新能力较强的行业或领域一旦创新成功，就能够带来超额利润，并进一步提高创新与资本的融合效率，吸引更多的资本向该行业集聚，进而实现资本富集（如图 4-10 所示）。

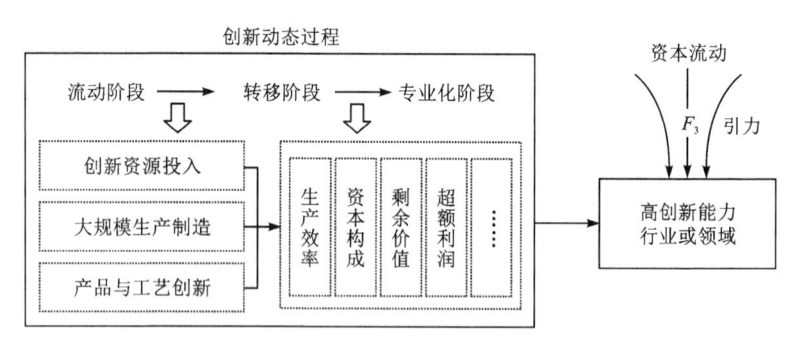

图 4-10 制造业创新能力对资本富集的引力

资本富集表现为资本总量的持续增加，假设在制造业发展初期投入生产的资本为 w，不变资本为 c，可变资本为 v，剩余价值及剩余价值率分别为 m 和 m'，那么制造业在最开始的生产阶段投入的资本即为 $w_0 = c + v$，由此产生的商品价值为 $c + v + m$（$m = vm'$）。制造业为扩大再生产和转型升级，需将部分剩余价值 m 转化为资本，进行新一轮的生产投入，那么第二期投入的资本总量为初期资本和新投入资本之和，即 $w_1 = w_0 + m\lambda$，其中 λ 是资本积累率，$m\lambda$ 为积累的剩余价值。假定资本的有机构成是 ρ，则在新投入的资本中购买生产资料和劳动力的资本量分别为 $\rho m\lambda$ 和

$(1-\rho)m\lambda$,由此可知,当前不变资本和可变资本分别为 $c_1 = c + \rho m\lambda$、$v_1 = v+(1-\rho)m\lambda$,进而得到公式(4-1)。

$$w_1 = w_0 + m\lambda$$
$$= (c + \rho m\lambda) + [v + (1-\rho)m\lambda] \quad (4-1)$$

制造业在第二期生产投入后,产生的商品价值为 $c_1+v_1+m_1$,其中,$m_1 = v_1 m' = [v+(1-\rho)m\lambda]m'$,部分剩余价值 $m_1\lambda$ 用于制造业积累,因此,第二期末制造业资本总量为 $w_2 = w_1+m_1\lambda$,用于下期的不变资本和可变资本分别为 $c_2 = c_1+\rho m_1\lambda$、$v_2 = v_1+(1-\rho)m_1\lambda$,以此类推,得到制造业第 n 期生产投入的资本为前一期积累的资本和新投入资本之和,即 $w_n = w_{n-1}+m_{n-1}\lambda$,不变资本与可变资本分别为 $c_n = c_{n-1}+\rho m_{n-1}\lambda$、$v_n = v_{n-1}+(1-\rho)m_{n-1}\lambda$。根据《资本论》中的假设,取 $m' = 100\%$,$\lambda = 50\%$,$\rho = \frac{1}{4}$,那么制造业第 n 期后的资本总量如公式(4-2)所示。

$$w_n = w_0 + 50\%m + 50\%m_1 + \cdots + 50\%m_{n-1}$$
$$= w_0 + 50\%m + 50\%\sum_{t=1}^{n-1} m_t \quad (4-2)$$
$$= w_0 + 50\%m + 5m_1\left[\left(\frac{11}{10}\right)^{n-1} - 1\right]$$

由此可知,除初始投入的资本 w_0 外,剩余部分均为制造业各期用于资本积累的剩余价值。根据前文对制造业创新能力与资本富集的分析,创新能力的提升有利于提高制造业剩余价值率,是资本富集的重要吸引力量,故可将其表述为制造业创新能力的函数,如公式(4-3)所示。

$$w'_n = 50\%m(innov) + 5m_1(innov)\left[\left(\frac{11}{10}\right)^{n-1} - 1\right] \quad (4-3)$$

式中：w_n' 为制造业第 n 期用于积累的资本总量；$innov$ 为制造业创新能力。结果表明，制造业创新发展能够提高其剩余价值，通过资本的积累影响整体产出水平，这也是资本富集的最终目的。

2. 制造业盈利水平对资本富集的引力

盈利水平反映了制造业获取利润的能力，是构成价值和资本所有者收入的主要源泉之一。根据张杰等(2011)、刘海洋和汤二子(2012)的研究，制造业利润主要源于市场因素，同时与政府政策支持和非市场化因素密切相关。生产效率、研发水平、人力资本等是制造业利润增长的内在动力，而产业集中度、政府财政补贴、人均工资水平等是主要外部因素，它们共同构成了制造业盈利水平对资本富集的引力来源，并通过资本的逐利性这一内在属性发挥作用，不仅能够推动制造业企业的发展，还能提供更优质的产品和服务，从而产生剩余价值，吸引更多的资本流入(如图 4-11 所示)。

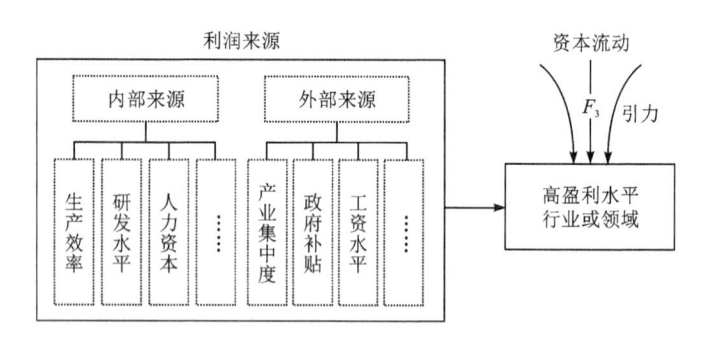

图 4-11　制造业盈利水平对资本富集的引力

第4章 基于创新能力的制造业资本富集机理分析

从制造业的实践发展来看,2011—2019年制造业各行业盈利水平的平均值如图4-12所示。

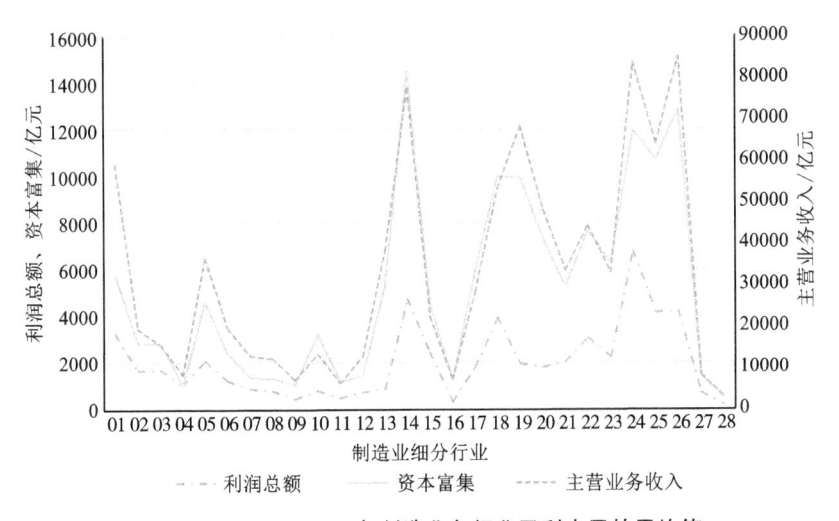

图 4-12 2011—2019 年制造业各行业盈利水平的平均值

(数据来源:作者根据中国工业统计年鉴、国家统计局等数据整理所得)

由图4-12可知,制造业各行业盈利水平与资本富集的分布结果基本一致。其中,交通运输设备制造业,化学原料及化学制品制造业以及计算机、通信和其他电子设备制造业等高新技术制造业的年均利润总额较高,分别是6762.71亿元、4745.32亿元和4215.15亿元,其主营业务收入也居于行业前三位,而家具制造业、印刷业和记录媒介的复制、工艺品及其他制造业的利润总额和主营业务收入均比较低,工艺品及其他制造业的年均利润总额仅为3197.05亿元,年均主营业务收入为202.90亿元,表明不同行业的盈利水平存在较大差异,而高新技术制造业凭借技术优势具有较高的盈利能力。从资本富集的结果来看,近年来化学原料及化学制品制造业年均资本富集水平最高,达到14485.34亿元,其次为通信设备、计算机及其他电子设备制造业,为12844.51亿元,再次为交通运输设备制造业,为11927.01亿元,而工艺品及其他制造业的年均资本富集水平最低,仅为503.82亿元。制造业各行业的利润总额、主营业务收入与资本富集的分布结果一致。

4.2.4 制造业资本富集的三维合力模型

创新是制造业资本富集的最主要动因,也是联结资本富集的拉力 F_1、推力 F_2 和引力 F_3 的关键,三者并非相互独立的作用力,而是会在相互协调、相互影响的基础上形成合力。一方面,产业转型升级、互联网技术渗透是加速制造业资本富集的内在拉动力,能有效提高了制造业的创新能力和盈利水平,并表现出较高的投资回报率和剩余价值率,有利于提高制造业资本富集的引力作用,在逐利性本质的驱动下,进一步加速推动资本向高附加值的行业集聚,加上资本空间发展的不平衡性、政策和市场环境等,共同推动资本流动,并逐渐流向制造业尤其是高技术制造业行业,优化资源配置,引发资本的行业集聚,形成资本富集。另一方面,制造业资本富集的拉力、推力和引力归根到底是制造业技术创新提升带来的价值增值,但我国制造业的发展实践表明,其研发投入强度、高技术产品贸易竞争优势指数等远低于美国、德国等制造业先行强国,且技术创新活动较少涉及战略性超前研发、高技术与核心技术开发以及规模化的系统性技术集成等,这就要求制造业企业以技术创新为载体,更好地形成资本富集合力。制造业资本富集的三维合力模型具体如图4-13所示。

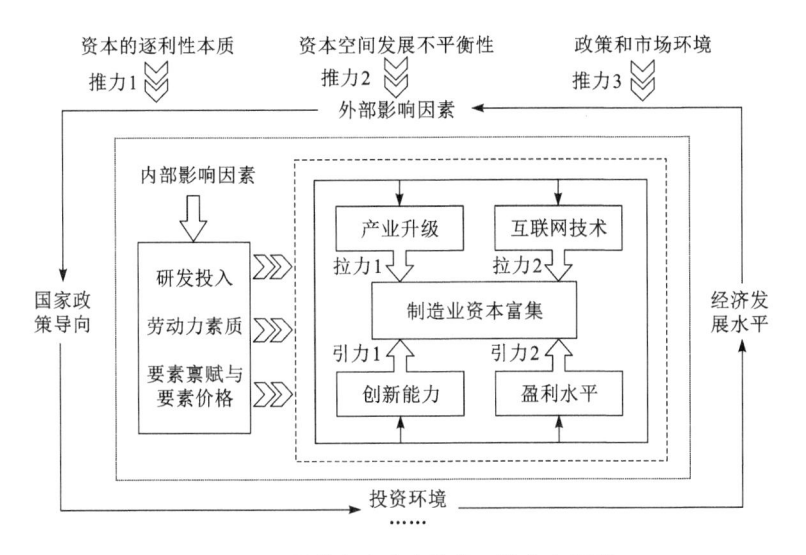

第4章 基于创新能力的制造业资本富集机理分析

图4-13 制造业资本富集的三维合力模型

综上，制造业资本富集须以行业自身的引力为基础，即将创新能力、盈利水平等作为支撑，并以行业转型升级、互联网技术渗透等为依托，这与行业创新能力和盈利能力密不可分，二者应保持高度的方向一致性。同时，受资本的逐利性、空间发展的不平衡性、政策和市场环境的推动，三个作用力相互渗透、相互支撑，形成制造业资本富集的三维合力，促使制造业在市场竞争中获得绝对优势。

4.3 制造业资本富集的渠道与路径

4.3.1 制造业资本富集的渠道

制造业资本富集离不开资本的流动,股票、债券、银行、基金公司等机构投资者为其提供了空间渠道,并逐渐从单一化的以政府为主导的政府资金渠道,转变为多样化的以市场为主导的资金渠道,如资本市场渠道、银行金融渠道、直接投资渠道及其他渠道等。

1. 以政府为主导的渠道

我国特殊的制度背景使得政府部门在资本流动、资本配置过程中发挥了重要影响,尤其在中西部地区的发展进程中,政府通过中部崛起、中西部工业发展战略等,以财政转移支付方式推动了资本向中西部地区转移。

政府部门对制造业资本富集的作用过程可分为以下几个层面:一是政府资金表现出较高的技术含量,对制造业所在地区或企业基础设施加大投资,有利于优化投资环境,以制造业财政专项资金、政府补助政策、减税减降费等形式提高制造业资本流入和投资回报率,发挥政府导向作用。从制造业各行业政府资金的流入量来看,其主要流向交通运输设备制造业、石油加工、炼焦及核燃料加工业、黑色金属冶炼及压延加工业等行业,且制造业整体占有的政府资金呈直线上升趋势。二是政府为实现经济目标，可对制造业产品或项目进行政府采购，或直接将政府资金、产业基金投向制造业或特定细分行业，加大对制造业技改投资的支持力度，鼓励、扶持制造业创新驱动转型和产业链升级。三是以政府为主的资本流动渠道会影响以市场为主的资本流动渠道。针对制造业融资中存在的诸多问题，2019年政府部门先后出台"三档两优"的存款准备金框架、LPR改革方案、信用支持政策等措施，打破制造业贷款定价的隐性下限，通过完善资本市场、疏通货币政策传导机制确保资本的充分流动，加大商业银行、金融机构等对制造业的扶持力度，有效提高资本的充裕性。

然而，根据前文对制造业资本富集的资本来源的分析可发现，政府资本的总量相对较少，2018年占资本富集总量的比重仅为14.69%，制造业资本富集更多地表现为以市场为主导的资本流动的结果。

2. 以市场为主导的渠道

（1）资本市场渠道。

在经济发展初期，我国制造业企业融资渠道单一，以政府部门的政府资金和企业内部资金积累为主要来源，制造业规模化大生产使原有融资渠道已难以满足生产方式变革的需要，股票、债券等资本市场逐渐形成和发展，成为制造业资本富集的主要渠道之一。

资本市场是资金供需双方根据自身需求直接进行资金融通的渠道，在逐利性动机的驱动下，越来越多的资本通过证券一级市场进行流动，各行业生产要素重新分配，以实现社会总资本效益最大化。近年来，制造业通过证券市场直接融资总额不断增加，截至 2019 年已达到 10065.77 亿元，较去年同期增长 34.16%。其中，债券融资的规模为 4733.83 亿元，同比增长 41.07%，这首先得益于 2018 年年末债券市场政策放松、发行利率下调等，使得该模式融资成本明显下降，其次为增发融资，规模为 4018.78 亿元，尽管配股融资规模最小，仅为 163.61 亿元，但同比增长最高，为 53.8%（如图 4-14 所示）。

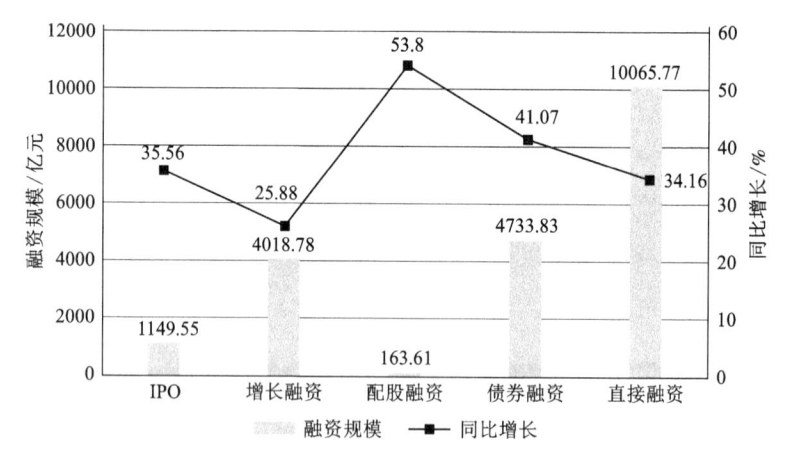

图 4-14　2019 年制造业资本市场融资规模

（数据来源：WIND 数据库、中证网等）

此外，开放式基金、私募股权基金等也是资本形成的主要渠道，对增强资本市场功能、优化社会资源配置及产业结构调整等有重要促进作用，影响制造业资本富集水平。

（2）银行金融渠道。

银行金融渠道有利于减少交易双方信息不对称和降低交易成本，呈现出分散投资、降低风险的特征。随着市场经济的发展，国家对资本流动的管控逐步放宽，而银行间同业拆借市场的

第 4 章 基于创新能力的制造业资本富集机理分析

建立,为资本的横向流动提供了便利渠道,进一步加速了资本的跨区域、跨行业流动,具体表现为存贷差、银行资金汇入与汇出、银行同业拆借等。鉴于数据的可得性,对银行金融渠道的研究一般基于银行存贷款的视角,故本节以 A 股所有上市银行年报中的相关数据为基础进行估算,得到了制造业银行贷款投放规模及投放增速,如图 4-15 所示。

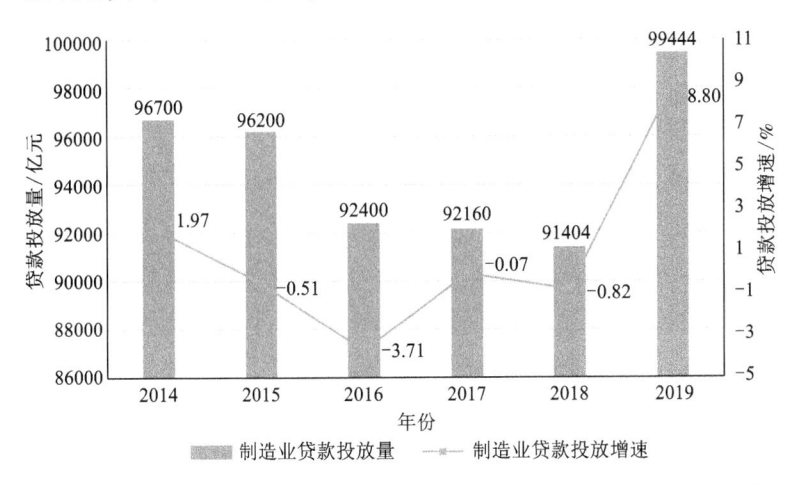

图 4-15　2014—2019 年上市银行对制造业银行贷款投放规模及投放增速

(数据来源:作者根据上市银行年报整理所得)

由图 4-15 可知,自 2014 年开始,上市银行对制造业银行贷款的投放量持续下降,直到 2018 年降至 91404 亿元,原因可能是近年来中国经济下行,由高速增长转向中高速发展,导致制造业经营压力增大,加之"三去、一降、一补"以及中美贸易摩擦,都给制造业带来了负面作用,加剧了该行业的潜在信用风险,因此银行对制造业贷款投放的规模有所下滑。然而,2019 年该指标开始大幅上调,达到 99444 亿元,增长率约为 8.80%。从国有四大行的投放规模来看，中国银行的贷款投放量最高，为 16792 亿元；其次为中国工商银行，对制造业贷款投放量为 16558 亿元；中国建设银行和中国农业银行贷款投放量分别为 12662 亿元和 12913 亿元。随着银行信贷投放结构出现明显变化，对人工智能、环保行业等新兴制造业的信贷投放不断增强，贷款利率也有所调整，对传统制造业的授信评级明显提升，并从中短期流动性贷款转换成项目贷，制造业银行贷款规模呈上升趋势。

（3）直接投资渠道。

直接投资渠道是通过企业等主体直接投资引起的资本流动，根据流动方向可划分为外国直接投资和对外直接投资两类，通常具有投资规模较大的特点，与制造业企业经营活动直接相关联。

关于外国直接投资，2018 年制造业吸收外资额在全行业中的占比超过 30%，占制造业资本富集总量的 11.91%，且近年来呈小幅增长趋势。外资对制造业创新发展发挥了重要作用，不仅增加了制造业资本存量，而且引入了先进的创新技术、管理模式、管理经验等，有效推动了制造业产业结构优化和高质量发展。

关于对外直接投资，随着投资体系的改革、对外投资限制的逐步放松，制造业对外投资规模呈现出波动上升的发展态势，截至 2018 年，对外直接投资流量达到 1910768 万美元，但总体而言，制造业直接投资资本净流动始终处于净流入状态，带来了国际资本流入。一方面，外资以直接投资方式进入制造业，且主要集中于计算机、通信和其他电子设备制造业，交通运输设备制造业，化学原料及化学制品制造业，通用设备制造业等行业，外资存量保持 2.1% 的年均增长趋势，有利于推动制造业研发投入和技术创新，扩大制造业产品出口额，进一步促进对外贸易的发展。另一方面，外资制造业企业进入国内，主要通过增加制造业产品技术含量提高市场竞争力，开拓国际销售市场，并将生产过程中获得的利润以再投资、未分配利润等方式留存。我国政府部门还针对外商资本利润再投资制定了一系列税收政策优惠，越来越多的外资企业在国内建立生产制造基地和配套产业群，是资本富集的主要渠道之一。

（4）其他渠道。

一是货币市场渠道。融资期限在一年以内的短期资金市场渠道，如商业票据、短期国债、信用拆借等，表现为较高的流动性和较低的风险与收益性，该类市场渠道的活跃度较高，能够为制造业资本富集提供必要的短期资本。

二是劳动输出渠道。劳动输出引起了不同行业之间的资本流动，以及大量民间资本以投机为目的的短期性资本流动，为制造业资本富集提供了可能。

三是汇率渠道。该渠道主要通过外汇市场的供求变化而影响资本，尤其是短期国际资本流动。若预期本国货币升值，那么外币购买力将有所跌，并使对外贸易产业部门的物价下降，为国际短期资本带来投资机会，促进资本的跨境流入（Sohrabji，2011），反之将导致资本外流，不利于行业资本富集。

上述渠道引起的资本流动也是制造业资本富集的渠道之一，但由于缺乏统计资料，本书未进行统计分析。

综上所述，制造业资本富集的渠道为两类，即以政府为主导的单一化渠道和以市场为主导的多元化渠道，资本流动的根源在于资本追求更高投资回报率和资本的风险规避。首先，以市场为主导的渠道使得资本按照市场规律进行流动，那么制造业不同行业的资本收益率将成为资本流入的吸引力,资本收益率越高的行业资本流入规模越大,这就为资本富集提供了前提条件和利润保障。其次,由于不同行业或地区存在交易成本和风险,若资本流入带来的利润无法弥补交易成本或风险,资本就不会向某一行业或地区富集。尽管资本富集的渠道有所差异,但其模式可归纳为以下三种:一是收益率等同的情况下资本流向风险最小的行业;二是风险等同的情况下资本流向收益率最大的行业;三是基于国家战略导向的资本流向某一特定行业。前两种情况下的资本富集是不同行业收益和风险的非均衡分布引起的,提高收益率或降低风险均有利于提高资本的效用水平,进而促进资本流入,后一种情况则主要受国家政策影响。

4.3.2 制造业资本富集的路径

根据新古典经济学理论和要素禀赋理论,资本的流动受资本、劳动等生产要素投入及要素边际产量的影响。假设有一个由 A、B 两个行业组成的封闭国家经济,且具有发达和完全竞争的资本市场,即资本的跨行业、跨区域流动不会产生成本,资本的来源、投资相关的信息完善,那么鉴于资本的逐利性,其总是流向投资报酬率较高的行业。假设 A 行业的产出水平为 Y_A,劳动与资本禀赋分别为 L_A、K_A,B 行业的产出水平、劳动及资本禀赋分别为 Y_B、L_B 和 K_B,且 $L_A>L_B$。在同等条件下,资本边际产量 P 的主要影响因素在于资本丰裕度,那么 A 行业资本边际产量 P_A 低于 B 行业资本边际产量 P_B,导致资本从 A 行业流出并流向 B 行业,最终实现 A、B 行业资本要素的均衡配置和空间效率的最大化,其流动如图 4-16 所示。

第 4 章　基于创新能力的制造业资本富集机理分析

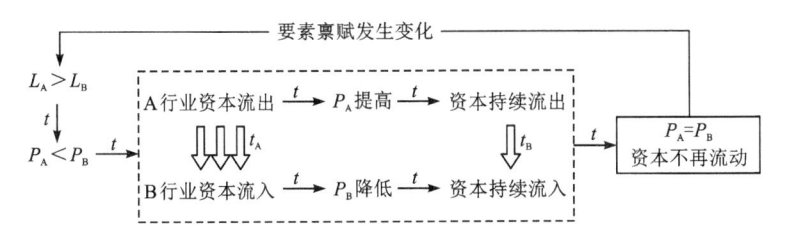

注：t 表示时间变化。t_a 时期的资本流动规模大于 t_b 时期的资本流动规模。

图 4-16　基于新古典经济学的资本流动

由图 4-16 可知，当 $(K_A/L_A) > (K_B/L_B)$ 时，$(dY_A/dK_A) < (dY_B/dK_B)$，资本在逐利性本质的驱动下从 A 行业流向 B 行业，随着资本的流动，行业之间的边际产量差距逐渐缩小，最终实现 $(dY_A/dK_A) = (dY_B/dK_B)$，资本不再流动。这一结果表明，在市场经济环境下，资本的流动主要由市场机制决定，即不同行业资本收益率之差，当资本流动获得的收益足以抵消由此产生的费用时，就形成了资本的空间转移。从累积因果理论的视角来看，规模收益递增导致不同行业、地区的产出水平出现差异，那么在行业发展初期依靠资源禀赋发展起来的行业，将实现较低的成本优势和较高的资本收益率，并借助该优势引起经济活动的空间变化和行业累积循环过程，促进资本、劳动、原材料等生产要素进一步向该优势行业集中，直到不同行业之间的资本收益率差异消除。

由于制造业不同行业的资源禀赋、创新能力等存在差异，这就为资本的流通奠定了基础。为了实现制造业整体的资本富集，应结合不同行业的比较优势进行路径选择。

一是资源依赖路径。首先，资源是资本富集的首选路径，依

137

赖资源禀赋的制造业行业如石油加工、炼焦及核燃料加工业、非金属矿物制品业、黑色金属冶炼及压延加工业等，在发展初期能够通过垄断性自然资源优势获得资本富集；而农副食品加工业、纺织业等劳动密集型行业长期以来依赖低廉的劳动力资源也获得了快速发展，为资本在该领域的流动提供了前提条件。然而，近年来资源型行业的产品附加值逐渐降低，已难以作为制造业长期资本富集的来源，其主要制约因素在于：煤、石油、矿石、天然气等资源呈现有限性的特征，加上其分布相对分散，在生产过程中往往采用小型机械作业方式，导致成本较高，并且随着企业发展不断消耗，储量下降甚至出现枯竭；企业过于依赖传统的自然资源，加上劳动力成本提升、原材料价格上涨等，可能引起低附加值产品流入、高附加值产品流出，在产业链中处于低端环节；资源的开采存在生态环境破坏的问题，如尾矿库、采矿坑、陷落区等，与当前国家提倡的低污染、高产出、资源节约的制造业高质量发展相违背。资本的逐利性本质驱动资本逐渐向技术创新或制度创新型行业转移，该类行业不得不进行技术创新，以提高产品附加值和剩余价值。

二是技术创新路径。根据前文的分析，制造业企业技术创新推动了新产品、新知识、新技术等应用，有效改善了资本的有机构成和劳动生产率，通过产生较高的剩余价值率带动了资本在不同行业之间的流动，并形成了资本富集，这是决定制造业发展阶段的关键因素。创新被越来越多的学者作为生产要素纳入经济增长模型，尽管创新在时间上存在一定的滞后性，但同时也具有技术溢出效应，即通过大企业的技术创新带动其他中小企业的发展，最终促进制造业整个产业的转型升级，加速资本富集。我国制造业处于全球价值链的中低端环节，技术模仿已不再适合制造业的长期发展，而技术创新是解决制造业发展瓶颈的重点，也是从"制造业大国"迈向"制造业强国"的必要措施。

三是政策依赖路径。前两种路径都是资本按照市场规律进行流动的结果，其根源在于资本追求更高投资回报率和资本的风险规避。资本收益率是资本流入的主要吸引力，资本收益率越高的行业，资本流入规模越大，但制造业不同行业或地区之间存在交易成本和风险，若资本流入带来的利润无法弥补交易成本或风险，资本就不会向某一行业或地区富集。因此，资源依赖路径和技术创新路径是收益和风险的非均衡分布引起的，风险等同的情况下资本流向收益率最大的行业，但收益率等同的情况下资本流向风险最小的行业。而政策依赖路径是以政府为主导的政府资金渠道产生的资本富集现象，是基于国家战略规划或向资本市场释放行业发展前景良好的信号，进而形成资本向某一特定行业的流动，这种流动主要受国家或政府政策的影响。

本章小结

长期以来，中国制造业依靠国家政策引导、低廉的劳动力资源、初级生产要素低成本优势等获得了快速发展，为制造业资本富集提供了前期积累，但从长远来看，粗放型发展路径不利于其在全球价值链地位的提升。本章基于创新能力的视角对制造业资本富集的机理进行分析，并得到以下研究结论。

（1）制造业资本富集的资本来源以法人投资者为主，其次为个体投资者,在样本研究期间二者均保持波动上升趋势,而国家资本、港澳台资本和集体资本的规模相对较小,且在制造业不同细分行业之间的分布存在差异。

(2)制造业资本富集的影响因素包括投资环境、国家政策导向、经济发展水平、贸易壁垒、市场规模、金融管理制度等外部宏观政策和体制环境因素,以及研发投入、劳动力素质、要素禀赋与要素价格等内部因素;资本富集的动因可划分为拉力、推力和引力,其中,拉力包括制造业产业升级与互联网技术渗透;推力包括资本的逐利性本质、资本空间发展的不平衡性、外部政策和市场环境等;引力包括制造业创新能力和盈利水平。在此基础上,本书构建了制造业资本富集的三维合力模型。

(3)制造业资本富集的渠道逐渐从单一化的以政府为主导的渠道,转化为多样化的以市场为主导的渠道,包括资本市场渠道、银行金融渠道、直接投资渠道和其他渠道等,在理论分析的基础上,本书提出制造业资本富集的具体路径,并将其归纳为资源依赖路径与技术创新路径。

第 5 章

制造业资本富集的羊群效应

　　现有文献关于资本市场羊群效应的研究结论存在分歧，且鲜有学者从创新能力的视角对羊群效应展开分析。制造业资本富集是否会引发资本市场的羊群效应？创新能力提升是否会带来更多的资本富集，进而加剧投资者的羊群行为？在不同创新能力的行业，羊群行为是否存在异质性？这些都是有待解决的现实问题。因此，本章以制造业个股数据为研究对象，并将其扩展至制造业行业层面，通过分位数回归模型探讨制造业资本富集对羊群行为的影响。为进一步揭示不同创新能力水平下制造业资本富集所带来的羊群效应的差异性，本书将样本划分为高创新能力组和低创新能力组，通过分组回归对制造业创新能力对资本富集的羊群行为的影响进行了初步探索，并提出基于创新能力的羊群行为是投资者的理性反应，得到了更为深入、细致的研究结论，突破了现有对资本市场羊群行为的研究范畴。

5.1 理论分析与研究假设

5.1.1 羊群效应的理论分析

羊群行为是投资者放弃私有信息，根据其他投资者的行为进行市场交易的"跟风"或"从众"行为，是资本市场不断演化的现象。资本富集作为资本流动的结果，在一定程度上向投资者传递了行业发展前景良好的信号，可视为信息来源的渠道，高资本和高流动性促使投资者参与投资和交易活动，通过模仿其他投资者的行为来获得竞争机会、维持自身声誉或市场平均报酬（Bo，2006；Brattern 等，2016），随着资本富集水平的提高，行业从不同投资主体处获取的资本能够创造新的价值，对外部投资者产生更高的吸引力。由于资本市场的主要功能之一是通过价格变化向投资者反映或传递信息，进而实现资本市场资源的有效配置（Hayek，2005），因此，信息获取的及时性、准确性和全面性至关重要（Malkiel 和 Fama，1970）。在羊群行为中，投资者倾向于减少私人信息占比，更多地依赖于公共信息做出投资决策，这抑制了有价值的私人信息在股价之中的及时反映，导致信息透明性和定价效率下降（董志勇和韩旭，2007），甚至可能引起资本配置扭曲和市场动荡（许年行等，2013）。

行为金融学研究发现，尽管投资者普遍存在追求经济利益最大化的倾向，但投资者个体行为会被其所在群体内的其他投资人的行为影响，产生羊群效应，这是在市场信息不完善的情况下，经济主体忽视私人信息，跟随或模仿其他主体进行决策的行为（Bensaida 等，2015；Camara，2017），将进而形成交易效应的放大效果，这是典型的市场非理性从众行为（朱菲菲等，2019）。对制造业而言，羊群效应通过影响资本流向而对制造业资本富集水平产生了一定作用，但同时也降低了资本市场的信息透明度，导致短期内资本的快进、快出，影响资源有效配置和资本市场效率（董志勇和韩旭，2007；许年行等，2013）。国内外学者对羊群效应成因的分析主要包括信息不对称、声誉理论、薪酬机制等。

(1) 信息不对称（Christoffersen 和 Tang，2010；Puckett 和 Yan，2011）。

有效市场理论认为，在有效的市场中所有信息都能反映到价格中，先行决策的投资者能够充分释放买入、卖出、卖空等所含的信息，分散跟风者的投资行为。然而，我国资本市场尚不健全，存在较高的信息不对称，且制造业创新投资往往伴随着较高的风险，具有收益滞后性的特征，导致投资者获取行业或企业专有信息的成本较大，部分投资者对创新项目进行投资决策时，往往以公共信息为基础，私有信息质量较差或对已有私有信息信心不足，当政府作为权威的信息源向市场释放积极信号时，大量资本将不断向制造业企业或行业流动，加剧资本市场的联动程度，进而促使其他投资者做出一致的投资决策，表现出明显的羊群效应。

(2) 声誉理论。

声誉理论认为，当投资经理对自身拥有的私有信息把握较低时，采用和他人一致的投资策略是明智的做法，原因在于模仿他人的决策结果不会影响自身声誉，而利用私有信息做出的投资决策，则仅在决策正确的情况下才能获良好的声誉。因此，最初的少数人行为影响了随后大多数人的行为，羊群效应也随之产生。由于资本市场信息变化较快，技术创新更新换代的速度也较快，导致投资者短期内缺乏科学合理的分析和判断，基于委托代理框架下的声誉从众行为，将做出跟随群体行动的非理性投资行为，以维护自身声誉或名望，这是羊群效应的重要诱因(Bo, 2006)。当投资者相互模仿时，还会降低对风险的厌恶水平。

(3) 薪酬机制(Boyson, 2010; Jennifer 等, 2011)。

投资者进行投资决策的目标在于取得高额收益，并获得突出的投资业绩。为避免失去竞争机会，投资者倾向于跟随或模仿大多数人的行为以换取平均报酬(申明浩和宋剑波, 2008)。

此外，制造业的羊群效应可能受国家政策导向的影响。国家政策往往传递出行业发展良好的积极信号，投资者高度跟随相关信号会产生羊群效应。同时，鉴于行业一般由各项特征相同或相似的公司组成，在资本规模、资金需求、环境与经济条件等关键指标上有较高的相似度，投资者可能因共同的投资风格而投向相同行业，这也符合 Froot 和 Teo(2008)对行业层面羊群效应驱动因素的研究结果。

5.1.2 研究假设的提出

通过对羊群效应成因的分析可以发现，资本市场投资者可能存在跟随或模仿其他投资者决策的羊群行为。我国资本市场尚不完善，制造业资本富集的主要资本来源于个人和机构投资者，尽管在"去散户化"政策的影响下其 A 股市场的占比明显下降，但截至 2018 年，个人投资者占比仍然超过 40%。投资者由于掌握的私有信息不同,可能存在认知和心理偏差,导致非理性投资行为。与个人投资者相比,机构投资者更具有信息优势,表现出的羊群效应也更为显著(许年行等,2013)。

顾荣宝和蒋科学(2012)基于改进的CCK模型论证了我国股票市场的羊群现象,其呈逐渐减弱的发展趋势,反映了股票市场"慢涨快跌"的现象。陈显明(2019)采用SLV模型研究发现,制造业尤其是非金属和金属制品业、交通运输业等是我国羊群行为程度最高的行业,其主要特点是该类行业属于国有或国有控股行业。Galariotis等(2016)、Vo等(2019)基于市场流动性的视角对股市羊群效应进行分析,前者发现高流动性水平下羊群效应显著,而中、低流动性水平下不显著;后者指出中等流动性水平下羊群效应显著,而低、高流动性水平下较弱。越来越多的研究证据表明,个人和机构投资者不是资本市场稳定器,双方会密切关注对方交易活动以达成共识(Villatoro,2009;Brown等,2014;Li等,2017);但也有学者研究发现,无论是个股还是行业层面,我国股票市场均不存在羊群效应(Demirer和Kutan,2006)。

不同于现有学者的研究,本书重点关注制造业资本富集与羊群行为的关系,以及不同创新能力的条件下,制造业资本富集带来的羊群效应的差异。因此,根据前文对羊群效应成因的分析,本书认为对制造业而言,投资主体由于信息来源渠道较窄,且缺乏科学的决策意识,更倾向于依赖公共信息展开市场交易,进而影响整体的决策行为(王宗润和潘城城,2018)。同时,在行业资本富集水平持续提升的情况下,向投资者传递出行业发展前景良好的信号,为保持行业平均业绩水平、减少声誉损失或避免丧失竞争优势,投资者存在相互模仿的动机,倾向于与他人行为保持一致,在资本富集水平较高的行业进行追随或模仿投资,进而降低决策风险或取得平均收益。报酬羊群行为也指出,投资者模仿他人的主要原因在于避免丧失竞争优势,即避免因拒绝参与而错失良机,进而选择折中方案模仿大多数人的行为来降低潜在风险,获取平均报酬(申明浩和宋剑波,2008),故本书提出以下待检验的假设。

H1:市场投资者存在羊群行为,且资本富集进一步加剧了羊群行为的程度。

创新能力是企业价值增长的根本源泉,也是经济良性发展的基础。随着制造业的转型升级提供了更多的市场发展空间,加之国家政策利好,如《中国制造2025》行动纲领、"十三五"规划、党的十九大报告等,给资本市场的投资行为带来了利好消息,不仅成为专利行为能力的主要投入因素,而且吸引了更多外部机构投资者进入,进而填补了创新活动开展过程的资金缺口(McKenzie等,2017),加速了制造业资本集聚,这些少量的新信息在股票市场能够形成信息瀑布效应,产生大量投资者的跟风交易(Scheinkman和Xiong,2003;Sias,2004),这可能是资本市场羊群行为的"理性"反应。同时,创新能力较高的行业或企业,技术外溢效应和附加值更高,由此产生的高附加值、高科技、高品牌化领域的资本配置效率将得到有效提升,行业利润率和增加值也将不断增长,从而促进更多的资本集聚。同时,鉴于中国资本市场制度尚不完善,在资本逐利性本质的驱动下及在不确定和未知情境下(Coleman等,1958),制造业创新发展更容易引发资本持有者跟随群体大众的行为,这是风险控制、把握市场形势的最佳途径(Fang,2011)。因此,创新能力较强的行业可能存在更显著的羊群行为。基于此，本书提出以下研究假设。

H2：在创新能力较强的行业，羊群行为的程度更高。

5.2 研究设计

5.2.1 样本与数据来源

根据前文对制造业资本富集渠道的分析，除了以政府为主导的渠道外，资本市场渠道也是资本富集的主要渠道之一。鉴于数据的可得性，本书对股票和债券市场的羊群效应进行分析，具有一定的市场代表性，并按照证监会2016年行业分类标准，保证统计口径的一致性，根据企业所属行业将其划分为28个细分行业，研究时间为2011—2018年。所有数据均来源于国泰安数据库、国家统计局、中国统计年鉴、中国科技统计年鉴及中国工业经济统计年鉴等。

在回归分析之前，对所有数据进行1%水平上的Winsorize处理，以消除异常值对实证研究结果的干扰。

5.2.2 变量定义与模型构建

1. 羊群效应的测度

羊群效应常用的研究方法为LSV模型(Lakonishok、Shleifer、Vishn，是三个人名，这是按人名的首字母命名的模型，简称LSV模型)、CSSD模型(基于收益率分散程度对羊群行为进行衡量的模型，cross sectional standard deviation，横截面标准差）及 CSAD 模型（基于收益率分散程度的绝对偏离度对羊群行为进行衡量的模型，cross sectional absolute deviation，横截面绝对偏差）等。其中，LSV 模型是传统常用的检验方法，能够衡量相对于独立交易，股票在市场同一方向交易的偏离程度，但该模型强调投资者数量、股票种类、投资的时间间隔等指标，受资料保密性的限制，数据难以获取；CSSD 模型基于收益率来衡量市场羊群效应，但对数据检验的灵敏度较低，仅适用于大多数投资者表现出羊群倾向的条件下，故可能弱化羊群行为的程度；CSAD 模型运用横截面收益绝对偏差进行检验，当市场存在羊群行为时，能够随收益率变动幅度的增加而不断下降，有利于更好地检测羊群信息，比其他模型更为灵敏、准确。因此，本书采用 CSAD 模型对羊群效应进行检验，并进一步将其扩展至制造业行业领域，如公式(5-1)所示。

$$CSAD_t = \frac{1}{N}\sum_{i=1}^{N}|R_{i,t} - R_{m,t}| \qquad (5-1)$$

式中：N 为市场组合的股票数；$R_{i,t}$ 为行业内 i 股票的 t 日收益率；$R_{m,t}$ 为制造业各行业的市场收益率。

Chiang 等(2010)研究发现简单平均法和市值加权平均法计算得到的市场收益率结果不存在明显差异，故本书采用简单平均法对制造业市场收益率进行计算。同时考虑到羊群效应一般存在时间惯性，故引入一阶滞后项控制时间惯性的影响及可能存在的异方差问题，在此基础上构建以下非线性回归模型，如公式(5-2)所示。

$$CSAD_t = \alpha + \beta|R_{m,t}| + \gamma|R_{m,t}|^2 + \lambda CSAD_{t-1} + \varepsilon_t \qquad (5-2)$$

式中：α 为常数；β、γ、λ 为回归系数；ε 为随机误差项。

若 $\gamma<0$，表明有羊群效应，这意味着当市场收益率发生改变时，投资者将模仿大多数人的行为作出相同的投资决策，使得市场分散度下降，且 γ 绝对值越大、越显著，羊群效应的程度越强。若 $\gamma\geq0$，表明不存在羊群效应，也就是当市场收益率发生改变时，投资者选择忽视市场基本面信息，进而形成分散化投资决策，在资本市场上的某一细分领域展开交易，这也被称为逆向羊群效应。值得关注的是，现有学者普遍关注正向羊群效应，故本书仅对第一种情况进行分析。

2. 基本模型构建

为分析制造业资本富集对羊群效应的影响，本书借鉴 Galariotis 等(2016)的做法，采用 QR 模型(分位数回归)进行检验。与基本 OLS 模型(最小二乘法主要用于线性回归的参数估计)相比，QR 模型能够有效利用解释变量的多个分位数获得与之相应的分位数方程，其具有以下优势：强调条件分位数的变化，不仅分析被解释变量的条件期望(均值)，而且包含了全部条件分位数函数，能够克服收益率对偏度均值影响的局限性，以体现整体分布特征的影响；能更精确地描述不同的制造业资本富集水平下，收益率对分散度的影响程度，进而提供更多有用的信息；是半参数的回归方法，无须对随机扰动项进行假设，稳健性更好，对异常点的耐抗性更强。据此，本书构建以下分位数回归模型，如公式(5-3)所示。

$$CSAD_t = \alpha_0 + \beta_0|R_{m,t}| + D_1\beta_1|R_{m,t}|^2 + \beta_2|R_{m,t}|^2 + D_2\beta_3|R_{m,t}|^2 + \beta_4 CSAD_{t-1} + \varepsilon_t \quad (5\text{-}3)$$

式中：α 为常数；β 为回归系数；ε 为随机误差项；D 为虚拟变量，

其他变量定义与前文一致。

当制造业资本富集水平处于25%的低分位时，$D_1=1$，否则为0；当资本富集水平处于25%的高分位时，$D_2=1$，否则为0。因此，制造业资本富集水平可划分为低资本富集、中等资本富集、高资本富集三个区间。考虑到不同分位点的资本富集对羊群行为影响的敏感性，本书进一步采用QR模型对回归结果进行估计，如公式(5-4)所示。

$$Q(\tau/CSAD_t) = \alpha_{0,\tau} + \beta_{0,\tau}|R_{m,t}| + D_1\beta_{1,\tau}|R_{m,t}|^2 + \beta_{2,\tau}|R_{m,t}|^2 + D_2\beta_{3,\tau}|R_{m,t}|^2 + \beta_{4,\tau}CSAD_{t-1} + \varepsilon_{t,\tau} \quad (5-4)$$

式中：$Q(\tau/CSAD)$为CASD在$\tau \in (0,1)$区间内不同分位点的横截面收益绝对标准差；$\beta_{1,\tau}$、$\beta_{2,\tau}$、$\beta_{3,\tau}$分别为低资本富集、中等资本富集、高资本富集下市场收益率平方项的回归系数，反映了不同资本富集水平下的羊群行为程度，其他变量定义与前文一致。

5.3 实证分析

5.3.1 描述性统计

主要变量的描述性统计、单位根检验结果如表5-1所示。由表5-1可知，横截面收益绝对偏差($CSAD$)的均值为0.276，标准差为0.129，市场收益率(R_m)的均值为1.096，标准差为20.683，表明市场收益存在较大的波动幅度；资本富集对数化（ln Capital）后的均值和中位数分别为8.550和8.336，表明整体分布的差异性良好，对样本分布的影响较小。此外，所有变量的

Jarque-Bera 统计值均通过了 1% 的显著性检验,也就是不满足正态分布,其平稳性检验结果显示,均拒绝存在单位根的原假设,故各变量都是平稳序列,前文构建的分位数回归模型有一定的合理性。

表 5-1 描述性统计与单位根检验结果

变量	均值	中位数	标准差	偏度	峰度	Jarque-Bera	ADF
$CSAD$	0.276	0.246	0.129	1.484	3.640	(75.337)***	(-16.000)***
R_m	1.096	-0.796	20.683	0.802	5.340	(65.696)***	(-7.594)***
$Capital$	5165.5	4170.2	4204.1	0.986	0.148	(98.225)***	(-13.338)***
$\ln Capital$	8.550	8.336	0.940	-0.266	-0.919	(127.750)***	(-14.048)***

注:括号内为稳健标准误;***$P<0.01$。

5.3.2 实证检验

1. 羊群效应检验

在回归分析之前,采用散点图法对主要变量的相关关系进行直观考察,即描绘 2011—2018 年制造业横截面收益绝对偏差($CSAD$)与行业市场收益率(R_m)、横截面收益绝对偏差($CSAD$)与资本富集水平($\ln Capital$)之间的散点图,如图 5-1 所示。由图 5-1 可知,变量之间均不存在线性相关关系,初步符合前文预期的假设,但制造业资本富集的羊群效应有待进一步检验。

在此基础上,采用公式(5-2)对市场投资者的羊群行为进行分析,同时,为考察制造业资本富集与羊群行为的关系,选取制造业资本富集的三个分位点($\tau = 0.25$、0.50、0.75),采用公式

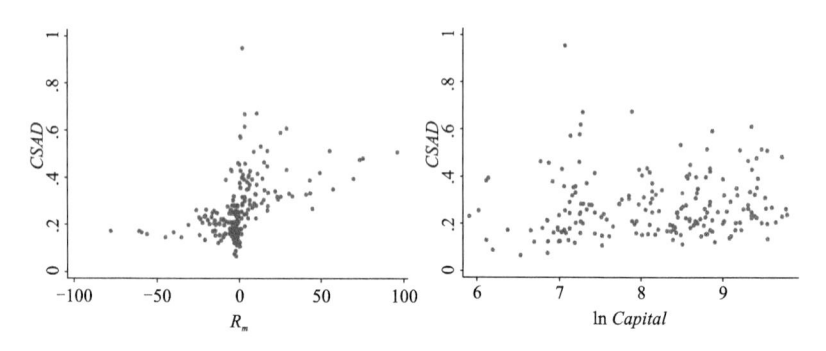

图 5-1 CSAD 与 R_m、CSAD 与 ln Capital 的关系

(5-3)和公式(5-4)通过 QR 模型进行回归分析,结果如表 5-2 所示。

表 5-2 羊群效应的回归结果

模型(1)	α	β	γ	λ	R^2
全样本	-0.360*** (0.264)	1.057*** (0.215)	-0.992*** (0.350)	0.394* (0.032)	0.790

模型(2)	α	β	$β_1$	$β_2$	$β_3$	$β_4$	R^2
全样本	0.262*** (0.055)	1.021*** (0.226)	-0.029 (0.109)	-0.809** (0.391)	-0.166* (0.102)	0.413*** (0.028)	0.777
$τ=0.25$	0.033 (0.029)	1.229*** (0.247)	-0.067 (0.203)	-1.074*** (0.395)	-0.211* (0.111)	0.465*** (0.091)	0.452
$τ=0.50$	0.056 (0.053)	1.362*** (0.410)	0.096 (0.226)	-1.396** (0.777)	-0.228* (0.124)	0.371*** (0.079)	0.493
$τ=0.75$	0.121* (0.067)	1.299** (0.537)	-0.214 (0.281)	-0.968** (0.978)	-0.171 (0.134)	0.374*** (0.064)	0.544

注:括号内为稳健标准误; *$P<0.1$, **$P<0.05$, ***$P<0.01$。

由表 5-2 可知，模型(1)反映了整个资本市场的羊群系数，结果显示，上期 $CSAD$ 的回归系数在 10% 的水平上显著为正，表明上期 $CSAD$ 对本期 $CSAD$ 具有明显促进作用；β 与 γ 的回归系数分别为 1.057 和 -0.992，且均通过了 1% 的显著性水平检验，表明市场投资者存在羊群行为，即倾向于采取保守策略做出跟随市场其他投资者进行投资决策的行为。原因可能如下：一方面，信息不对称导致较高的信息获取成本，我国资本市场尚不完善，在无法准确掌握投资信息的前提下，资本持有者可能因信息不对称诱发从众心理，产生"有限理性"，进而倾向于跟随市场先行者做出投资决策；另一方面，制造业资本以法人投资主体和个人投资主体为主(见第三章图 3-5)，法人投资主体中的机构投资者为获取市场平均业绩，保持行业稳定水平，在进行投资决策时将基于委托代理关系产生羊群行为，隐藏自身的投资策略，倾向于跟随市场先行者做出投资决策，而资本市场的个人投资者数量较多且极为分散，大多缺乏专业的投资培训以及对市场行情的判断，但又具有较强的收益性和投机性，可能因心理和认知偏差导致投资决策的趋同性。

模型(2)反映了不同分位点处资本市场的羊群系数，β_1、β_2、β_3 分别代表低、中、高资本富集水平的回归系数，结果显示，β_1 为 -0.029，在 $\tau=0.25$，$\tau=0.50$，$\tau=0.75$ 的分位数上系数均不显著；β_2 为 -0.809，在 5% 的水平上显著，在 $\tau=0.25$ 的分位数上通过了 1% 的显著性水平检验，在 $\tau=0.50$，$\tau=0.75$ 的分位数上通过了 5% 的显著性水平检验；β_3 为 -0.166，在 10% 的水平上显著，而在 $\tau=0.75$ 的分位数上不显著。这表明不同资本富集水平下的羊群行为存在差异，较低的资本富集水平并不能引起资本市场的羊群效应，而中、高资本富集水平下存在显著的羊群效应。低资本富集所表达的信息不足以明显反映出创新或国家政策给行业发展带来的利好消息，而中、高资本富集水平向资本市场释放行业良好发展前景的信号，在资本逐利性和国家政策引导下，投资者能够根据公共投资信息预测某投资项目能产生净现值为正的预期收益，进而倾向于规避较高的私有信息收集成本，跟随、模仿他人投资行为，形成成本最小的"最优决策"。值得注意的是，β_3 在 $\tau=0.25$，$\tau=0.50$ 的分位数上通过了 10% 的显著性水平检验，而在 $\tau=0.75$ 的分位数上不显著，主要原因在于资本存在边际效用递减规律，过高的制造业资本富集水平将导致与之配套的生产要素不足，如劳动力、资产设备等，降低资本的边际收益，$\tau=0.75$ 分位数上资本富集对羊群行为的边际效用几乎为 0，同时，与中等资本富集水平相比，高资本富集水平下的边际效用开始降低，此时资本市场的羊群效应也开始减弱，回归系数显著性水平明显下降。

在三个分位点中滞后一期的 CSAD 和市场收益率绝对值的回归系数 β 均在 1% 的水平上显著为正；低资本富集的回归系数 β_1 均不显著，中等资本富集的回归系数 β_2 均显著为负，通过至少 5% 的显著性水平检验，高资本富集的回归系数 β_3 除在 $\tau=0.75$ 分位点处不显著外，其他均在 10% 的水平上显著为负，表明不同资本富集水平下的羊群效应存在差异。

2. 格兰杰因果检验

上述研究结果仅证明制造业资本富集与横截面收益绝对偏差相关，并不能说明资本富集是影响横截面收益绝对偏差变动的原因，因此，本书对主要变量进行了格兰杰因果检验，结果如表 5-3 所示。

表 5-3 CSAD 和 ln Capital 的格兰杰因果检验

全样本及不同分位点	变量	原假设	F 值	P 值
全样本	CSAD	ln Capital 不是 CSAD 的格兰杰原因	21.524	0.000
	ln Capital	CSAD 不是 ln Capital 的格兰杰原因	20.765	0.000
$\tau=0.25$	CSAD	ln Capital 不是 CSAD 的格兰杰原因	6.822	0.009
	ln Capital	CSAD 不是 ln Capital 的格兰杰原因	8.938	0.003
$\tau=0.50$	CSAD	ln Capital 不是 CSAD 的格兰杰原因	9.780	0.002
	ln Capital	CSAD 不是 ln Capital 的格兰杰原因	0.059	0.088
$\tau=0.75$	CSAD	ln Capital 不是 CSAD 的格兰杰原因	204.140	0.000
	ln Capital	CSAD 不是 ln Capital 的格兰杰原因	57.644	0.000

注：依据 AIC（最小信息化）准则确定格兰杰因果检验的最优阶数。

由表 5-3 可知，除 $\tau=0.50$ 分位点处在 10% 的水平下拒绝 "CSAD 不是 ln Capital 的格兰杰原因" 的原假设，其他均在 1% 的水平下拒绝原假设，表明在全样本和资本富集不同分位点处，CSAD 和 ln Capital 均互为双向格兰杰因果关系，即制造业资本富集是横截面收益绝对偏差变动的原因，横截面收益绝对偏差变动也是制造业资本富集的原因。

3. 进一步分析

为进一步揭示不同创新能力下资本富集与投资者羊群行为

之间的关系,本书聚焦于制造业创新能力与资本富集,根据前文测度的制造业创新能力的高低,按照创新能力高于均值和低于均值两种方向将样本划分为两组,分别构建相应的回归模型并重新检验,分组检验结果如表5-4所示。

表5-4 分组检验回归结果

分组		α	β	β_1	β_2	β_3	β_4	R^2
高创新		0.137*** (0.033)	0.951*** (0.228)	-0.056 (0.162)	-0.489** (0.367)	-0.339*** (0.117)	0.295*** (0.033)	0.854
分位点	0.25	0.154*** (0.045)	0.461 (0.419)	-0.217 (0.279)	0.243 (0.645)	-0.254*** (0.058)	0.221** (0.094)	0.492
	0.50	0.139** (0.062)	0.853 (0.610)	0.012 (0.038)	-0.417 (1.010)	-0.278* (0.142)	0.275*** (0.070)	0.561
	0.75	0.048 (0.058)	1.879*** (0.504)	-0.017* (0.395)	-2.099** (0.826)	-0.009 (0.119)	0.289*** (0.063)	0.629
低创新		0.110** (0.049)	1.145*** (0.421)	0.565 (0.465)	-1.481* (0.802)	-0.467** (0.221)	0.417*** (0.041)	0.783
分位点	0.25	0.037 (0.031)	1.357*** (0.252)	-0.070 (1.028)	-1.324 (0.968)	-0.237* (0.138)	0.500*** (0.062)	0.452
	0.50	0.099** (0.039)	1.057*** (0.335)	0.311 (0.700)	-0.968 (0.941)	-0.617** (0.269)	0.469*** (0.080)	0.483
	0.75	0.161** (0.079)	0.980 (0.689)	0.505 (0.345)	-1.062 (1.138)	-0.704** (0.332)	0.407*** (0.115)	0.518

注:括号内为稳健标准误;*P<0.1,**P<0.05,***P<0.01。

第 5 章　制造业资本富集的羊群效应

首先，高创新能力的制造业样本回归结果显示，低资本富集的回归系数 β_1 未通过显著性水平检验，中等和高资本富集的回归系数 β_2、β_3 分别在 1% 和 5% 的水平上显著为负，表明在创新能力较强的行业，低资本富集水平不存在羊群效应，中、高资本富集水平存在显著的羊群效应，因此，在高创新能力、高资本富集的行业，投资者对"领头羊"的依赖程度逐渐增强。尽管整体上羊群运动的方向是正向的，从分散化投资决策转向跟随大流，但在个股收益率极端分散 ($\tau=0.75$) 时，高资本富集的回归系数 β_3 不再显著，原因可能是较低的资本富集水平向投资者传递的市场信息有限，且存在一定的滞后效应，不足以引起整个市场的羊群行为，当资本富集超过一定阈值，投资者对私人信息的信心开始增强，才能带来明显的羊群效应，这反映了投资者行为在不同创新能力下的差异。

其次，低创新能力的制造业样本回归结果显示，中等和高资本富集的回归系数 β_2、β_3 分别在 10% 和 5% 的水平上显著为负，表明在创新能力较低的行业，只有在资本富集水平不断提升的情况下才存在显著的羊群效应，原因可能是较低的资本富集水平向投资者传递的市场信息有限，且存在一定的滞后效应，不足以引起整个市场的羊群行为，只有当制造业资本富集水平超过某一阈值后才能带来明显的羊群效应。这主要得益于中国政府这双"看不见的手"发挥了政策引导作用，促进了资本流向某些特定的低创新能力行业，而且随着资本富集的提升，羊群效应逐渐增强。从扩展后的分位数回归结果来看，β_1 和 β_2 在 $\tau=0.25$，$\tau=0.50$，$\tau=0.75$ 的分位数上都不显著；β_3 在 $\tau=0.25$ 的分位数上系数为 -0.237，在 10% 的水平上显著，在 $\tau=0.50$，$\tau=0.75$ 的分位数上系数分别为 -0.617 和 -0.704，在 5% 的水平上显著。

综上所述，整体来看资本富集引发的羊群效应在高创新能力的样本中更为显著。原因在于：一是较高的创新能力意味着新产品、新知识、新技术或新工艺的生产或应用，有利于为企业带来一定的垄断权和定价优势；二是较高的创新能力可促进生产成本的降低和生产效率的提升，进而增加企业利润空间，创新是制造业企业核心竞争力和企业绩效的决定要素；第三个也是最关键的，资本具有逐利性，在逐利性本质的驱动下，资本持有者将纷纷投向具有较高创新能力的行业，进而表现为更显著的羊群效应。

5.3.3 稳健性检验

1. 基于 CH 模型的羊群效应测度

借鉴 Christie 和 Huang(1995)等提出的 CH 模型(Christle 和 Huang，人名，简称 CH 模型)对羊群行为进行测度，并重新进行回归，具体检测方法如公式(5-5)所示，稳健性检验的回归结果如表 5-5 所示。

表 5-5 基于 CH 模型的回归结果

全样本及不同分位点	α	β	γ	λ	R^2
全样本	0.027 (0.023)	0.601*** (0.196)	-0.746** (0.319)	0.493*** (0.031)	0.700

全样本及不同分位点	α	β	β_1	β_2	β_3	β_4	R^2

续表5-5

全样本	0.025 (0.063)	0.642*** (0.205)	-0.168 (0.117)	-0.617** (0.360)	-0.088* (0.116)	0.500*** (0.032)	0.709
$\tau=0.25$	0.001 (0.020)	0.411** (0.171)	-0.107 (0.168)	-0.334*** (0.295)	-0.199* (0.112)	0.548*** (0.079)	0.282
$\tau=0.50$	0.022 (0.024)	0.523** (0.221)	-0.358 (0.254)	-0.241** (0.527)	-0.292** (0.087)	0.542*** (0.069)	0.342
$\tau=0.75$	-0.007 (0.069)	1.182** (0.613)	-0.532** (0.267)	-1.215 (1.095)	-0.130 (0.398)	0.546*** (0.064)	0.367

注：括号内为稳健标准误；*P<0.1，**P<0.05，***P<0.01。

$$CSSD_t = \sqrt{\sum_{i=1}^{N}(R_{i,t}-R_{m,t})^2/N} \qquad (5-5)$$

式中：N 为市场组合的股票数；$R_{i,t}$ 为行业内 i 股票的 t 日收益率；$R_{m,t}$ 为制造业各行业的市场收益率。

由表5-5可知，上期 CSSD 对本期具有显著的促进作用，且通过了1%的显著性水平检验；市场收益率绝对值及其平方项的回归系数 β 和 γ 分别为0.593和-0.728，在1%和5%的水平上显著，表明市场投资者存在羊群行为，与前文的研究结论一致。在制造业资本富集与羊群行为的关系中，全样本回归结果显示，低资本富集的回归系数为-0.168，但未通过显著性水平检验，中、高资本富集的回归系数分别为-0.617和-0.088，在5%和10%的水平上显著，表明中、高资本富集水平下存在显著的羊群效应，且与中等资本富集水平相比，高资本富集水平下的羊群效应较弱。在三个分位点中，滞后一期的 CSSD 和 β 系数均在1%或5%的水平上显著为正；低资本富集的回归系数除在

$\tau=0.75$ 分位点处显著为负外，其他分位点均不显著，中、高资本富集在 $\tau=0.25$ 和 $\tau=0.50$ 分位点处均存在显著的羊群效应，尽管显著性水平与前文不完全相同，但总体来看市场投资者存在羊群行为，且不同资本富集水平下的羊群行为程度存在差异，这一研究结论并无实质性改变。

2. 基于市场波动率视角的分组检验

由于市场的高度不确定性，在不同时期的羊群行为可能存在明显差异，故本书基于市场波动率的视角进行分组检验。2008 年金融危机之后，我国股票市场大幅波动，并于 2015 年出现"千股涨、跌停"的现象，导致市场大幅波动，但非理性投资者对经济和政治稳定的乐观预期导致羊群行为并不会消失（Shantha，2019）。在高波动率时期和极端市场条件下，羊群行为的潜在传染效应会加剧，故本书将样本研究时间划分为低波动率期间（2011—2014 年）和高波动率期间（2015—2018 年）。

由于 Garch 模型（generalized auto regressive conditional heteroskedasticity，广义自回归条件异方差模型）能够拟合股市下行波动率更大的特点，缓解可能存在的异方差，从而确保回归结果有良好的准确性。因此，本书借鉴 Galariotis 等（2016）的做法，运用 Garch 模型计算的波动率经加权平均得到市场波动率，如图 5-2 所示。

并在此基础上分组检验不同市场波动率下的羊群效应，回归结果如表 5-6 所示。

第5章 制造业资本富集的羊群效应

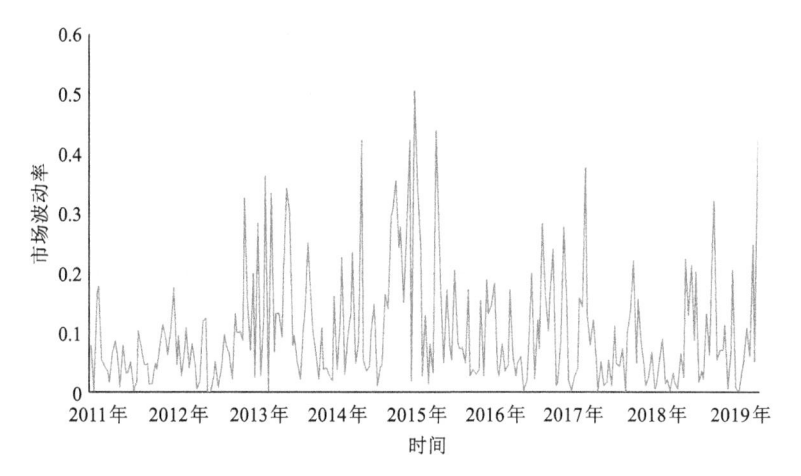

图 5-2 2011—2019 年市场波动率

表 5-6 不同市场波动率视角下的羊群效应

模型(1)	α	β	γ	λ	R^2
低波动	-0.085* (0.049)	1.707*** (0.556)	-3.342** (1.353)	0.575*** (0.040)	0.843
高波动	-0.220* (0.116)	2.933*** (1.038)	-4.409*** (1.625)	0.483*** (0.043)	0.804

模型(2)	α	β	$β_1$	$β_2$	$β_3$	$β_4$	R^2
低波动	-0.568*** (0.151)	1.884*** (0.558)	-0.112 (0.243)	-0.337** (1.307)	-0.342 (0.254)	0.557*** (0.035)	0.896
高波动	-0.545*** (0.192)	3.882*** (1.087)	-0.271** (0.116)	-5.548*** (1.682)	-0.134** (0.117)	0.488*** (0.043)	0.836

注：括号内为稳健标准误；*$P<0.1$，**$P<0.05$，***$P<0.01$。

由表 5-6 可知，模型（1）的结果显示，无论是低波动率还是高波动率下市场投资者均存在羊群行为，前者回归系数为 -3.342，在 5% 的水平上显著，后者回归系数为 -4.409，在 1% 的水平上显著，表明高波动率下市场投资者的羊群行为更为显著，即当市场收益发生剧烈波动时羊群效应更明显。模型（2）是制造业资本富集与羊群行为的回归结果，结果显示，低波动率下 β_2 的回归系数为 -0.337，在 5% 的水平上显著，β_1 和 β_3 的回归系数均不显著，而高波动率下 β_1 和 β_3 的回归系数分别为 -0.271 和 -0.134，在 5% 的水平上显著，β_2 的回归系数为 -5.548，在 1% 的水平上显著，这表明高波动率视角下具有更显著的羊群效应。当市场出现剧烈波动时，股市的不确定性和风险有所增加，投资者对信息的反应更加敏感，为规避风险更倾向于选择跟风操作，由此形成羊群行为。因此，当非理性投资者占据市场时，股价收益率的微小波动就会引起投资者的过度反应，羊群行为更为显著。

本章小结

本章从理论层面分析了羊群效应形成的原因，采用 CSAD 模型对制造业羊群效应进行了测度，并构建了分位数回归模型来对制造业资本富集与羊群行为的关系进行研究，首先检验了市场投资者的羊群行为，其次对比分析了制造业资本富集不同分位点处的羊群行为显著性，最后探究了高创新能力组、低创新能力组资本富集对羊群行为的差异性影响。在此基础上，基于市场波动率的视角对不同时期的羊群行为进行了分组检验，得到以下研究结论。

（1）市场投资者存在显著的羊群行为，且分位数回归结果显示中、高资本富集水平下的羊群行为程度更为明显，但鉴于资本的边际效用递减规律，随着制造业资本富集水平的进一步提高，羊群行为开始减弱，显著性水平从中等资本富集的5%降至高资本富集的10%，表明不同资本富集水平下的羊群效应存在差异。

（2）低创新能力和高创新能力下均存在显著的羊群行为，且高创新能力下的羊群行为更为明显。当制造业资本富集水平超过一定水平后，随着创新能力的提升，资本富集对羊群行为的影响程度不断增强。

（3）比较不同市场波动率发现，制造业资本富集对羊群行为的影响存在差异。低波动率视角下，仅中等资本富集对羊群行为有显著影响，而高波动率视角下，低、中、高资本富集对羊群行为均有显著影响，且中等资本富集水平下最为明显。

本书将行为金融理论运用于中国资本市场，并率先将制造业资本富集与羊群效应直接联系起来，从创新能力和市场波动率这一新的视角探索了二者的关系，这些指标在同一个研究框架内突破了对资本市场羊群行为的现有研究范畴，有助于投资者更加全面、准确地理解资本市场上的羊群效应。

第6章

制造业资本富集的门槛效应

现有文献对资本与经济增长关系的研究主要集中于社会资本的结构、关系及认知维度、人力资本、FDI 等方面，研究结论主要是正相关、负相关或不相关，鲜少从创新能力的视角研究资本富集和经济增长之间的关系，忽视了其在资本富集与经济增长非线性关系中发挥的作用，即忽视了不同创新能力水平下资本富集对经济增长的差别效应，而这种非线性关系对最大限度地发挥资本富集在经济增长中的促进作用具有重要的理论与现实意义。鉴于此，本章将基于 2011—2018 年制造业 28 个细分行业的面板数据，对资本富集与经济增长之间的关系进行分析，并运用面板门槛模型，将创新能力作为门槛变量，探究资本富集对经济增长的影响是否受创新能力发展水平的制约，进而厘清制造业创新能力、资本富集和经济增长之间的关系，得到更为细致、深入的研究结论。

第6章 制造业资本富集的门槛效应

6.1 理论分析与研究假设

6.1.1 资本富集与经济增长

从经济学的角度来看，经济增长主要依赖于资本总量和资本配置效率的提升，这在内生增长理论和古典经济增长理论中得到了证实(Howitt，1998)。Salinas-Jiménez 等(2006)、Kose 等(2009)、张军等(2009)也验证了资本与经济增长之间的正相关关系。然而，受融资约束、要素禀赋、市场制度等因素的影响(苏杭等，2017；杨畅和庞瑞芝，2017；钱雪松等，2018)，当前中国制造业正处于剩余资本消耗期，资本投入不足的问题并未得到有效解决(刘海云和聂飞，2015)。根据前文的分析，2017年制造业研发投入强度不足2%，远低于韩国(3.67%)、德国(3.36%)、日本(3.05%)和美国(2.58%)等制造业先行强国，阻碍了资本对经济发展的积极作用，全要素生产率仍然处于较低水平(Hsieh 和 Klenow，2009；杨汝岱，2015)。

从现有文献来看，吴建新(2009)研究指出生产要素尤其是物质资本是促进经济增长的主要因素，也是导致区域收入差距的根源。Raffaello 和 Paolo(2009)、张先锋等(2010)的实证研究结果表明，人力资本、研发资本、公共基础设施资本等对区域经济增长具有正向效应。许可(2010)基于资本配置效率的视角进行分析，指出投资主导型的经济增长方式可能导致经济增长受资源和环境的制约，将资本投向技术密集型的行业才能优化产业结构，促进经济增长方式的改变。金刚等(2016)认为物质资本是经济增长的重要驱动,增加研发资本的同时防止资本过剩产生的非理性行为,才能实现产业结构升级。Kale 和 Rath(2018)也论证了资本、金融发展和 FDI 等因素对经济增长的影响。周璇和陶长琪(2019)认为全要素生产率是经济持续增长的重要支撑,并将物质资本作为要素空间聚集的构成指标,分析了其对全要素生产率的积极影响,并提出资本的促进作用表现为阈值效应。根据现有理论和文献,结合前文对制造业资本富集的分析,本书认为资本富集的直接表现就是资本总量的增加,其对经济发展发挥了积极作用,故提出以下研究假设。

H3:制造业资本富集对经济增长有促进作用。

6.1.2 基于创新能力的资本富集门槛效应

资本的逐利性本质,使得高创新能力的行业吸引更多的资本集聚,并通过资本深化进一步促进技术进步和创新行为(Laursen 等,2012;Soni 和 Subrahmanya,2020),这也符合 Jeffrey Wurgler(2001)提出的资本配置效率的判断标准,即资本会向更高投资回报率的行业流动,进而作用于经济发展。然而,凯恩斯的有效需求不足理论也揭示了资本的边际效用递减(Keynes,1936),即资本投入产生的预期利润率会随着资本规模的扩大而不断下降,那么单方面增加资本规模对经济增长的促进作用可能是有限的。柳卸林等(2017)也提出在自发创新无法跟进的前提下,仅仅依靠资本投资无法实现经济的有效增长。因此,需加强创新与资本的相互匹配性,提高创新投入和资本配置效率,推动生产要素向更高利润的产业转移(孔宪丽等,2015),这也是经济增长的重要来源(余东华等,2019)。

从经济学的角度来分析,假设经济存在两个部门,生产函数模型为 $Y_i = K_i \alpha_i L_i 1-\alpha_i$(其中 i 表示部门),Y、K、L 分别表示行业产出、资本数量和劳动力数量,α 为资本密集度。假设工资水平为 w,利率为 r,价格为 P,那么人均资本为 $k_i = K_i/L_i = [\alpha_i/(1-\alpha_i)]w/r$,两个经济部门的产值分别为 P_1Y_1 和 P_2Y_2,进而可得到公式(6-1)和公式(6-2):

$$P_1Y_1 = P_1 k_1^{\alpha_1}(k_2 L - K)/(k_2 - k_1) \qquad (6-1)$$

$$P_2Y_2 = P_2 k_2^{\alpha_2}(K - k_1 L)/(k_2 - k_1) \qquad (6-2)$$

因此,整个社会的资本边际产出为公式(6-3):

$$\frac{\partial(PY)}{\partial K} = \frac{\partial(P_1Y_1 + P_2Y_2)}{\partial K}$$

$$= \frac{\{P_2[\alpha_2/(1-\alpha_2)(w/r)]\alpha_2 - P_1[\alpha_1/(1-\alpha_1)(w/r)]\alpha_1\}}{k_2 - k_1}$$

$$(6-3)$$

假设在第 t 期初的人均资本存量为 K_t,上期即 $t-1$ 期的人均产出为 Y_{t-1},二者均已确定,而第 t 期产生了外生性技术进步或创新,那么整个社会资本密集度 α 将会增加。按人均产出 $y_t = k_t^\alpha$ 和经济增长速度 $g_{yt} = (k_t^\alpha - y_{t-1})/y_{t-1}$ 的方程计算,人均产出和经济增长速度将会上升,对其求导可得 $\frac{\partial g_{y_t}}{\partial \alpha} = \frac{\alpha k_t^{\alpha-1}}{y_{t-1}} > 0$,这意味着在创新能力较高的行业,资本的边际产出将增加,进而影响资本富集对经济增长的促进效用。根据 $y_{t\alpha_1} = k_t^{\alpha_1} > y_{t\alpha_2} = k_t^{\alpha_2}$ 可以发现,人均产出和资本的边际产出同步增加,故资本富集水平的增长越快($\alpha_1 > \alpha_2$ 时),经济增长速度越快,资本富集对经济增长的促进作用很

可能受到企业创新能力的影响,公式如式(6-4)所示:

$$g_{y\alpha_1} = (y_{t\alpha_1} - y_{t-1})/y_{t-1} > g_{y\alpha_2} = (y_{t\alpha_2} - y_{t-1})/y_{t-1} \quad (6-4)$$

在不同创新能力发展水平下,制造业资本富集对经济增长的作用效果将有所不同。一方面,对于创新能力较低的行业,资本富集压缩了资本的投资空间(张若雪和袁志刚,2010),容易造成重复投资或资本外流,使得资本配置效率降低,新技术、新方法的吸收能力和采用效果弱化,经济增长陷入"低发展陷阱",甚至会导致产业的空洞化发展,造成经济结构失衡。考虑到资本对经济增长的贡献(苏洪和刘渝琳,2015),资本配置效率降低将阻碍经济增长(钱雪松等,2018)。另一方面,在创新能力较高的行业,创新能够替代部分劳动力或资本资源,最大限度地获得超额利润(陈颖等,2013),同时能够优化要素配置,降低单位要素成本,并表现为利润增加(成力为和孙玮,2009)。在资本逐利性本质的驱动下,投资者行为较为活跃,有利于吸收更多的资本进入该行业或领域,通过资本的空间配置和流动推动其他资源要素的再分配,提高其利用效率(赵善梅和吴士炜,2018),制造业创新能力与资本富集能够产生良性互动,进而提高资本配置效率和资本回报率,这就意味着相对于创新能力较低的行业而言,创新能力高的行业能够获得更多的资本投入,资本配置效率和回报率也更高,有利于充分发挥资本富集的优势效应,使经济增长维持较高的发展水平。创新的不断涌现,为技术落后国家或地区实现技术和经济赶超提供了可能,有利于生产要素的优化组合,推动经济增长。基于此,本书认为资本富集与经济增长之间的关系并非简单的线性关系,并提出以下研究假设。

H4:制造业资本富集对经济增长的促进作用受创新能力门

槛效应的影响，且在高创新能力下更为显著。

6.2 研究设计

6.2.1 样本与数据来源

为保证数据统计口径的一致性，本章选取 28 个制造业细分行业，选取的样本区间为 2011—2018 年，对数据缺失的样本采用线性插值法计算，所有数据均来源于国家统计局、中国统计年鉴、中国科技统计年鉴以及中国工业经济统计年鉴等。

在回归分析之前，对所有数据进行 1% 水平上的 Winsorize 处理，以消除异常值对实证研究结果的干扰。

6.2.2 变量定义与模型构建

1. 变量定义

(1) 解释变量：制造业资本富集。根据前文对制造业资本富集的测度，按照资本的不同来源，将国家、集体、法人、个人、港澳台及外商资本总量之和作为制造业资本富集的代理变量。

(2) 门槛变量：制造业创新能力。根据制造业创新能力的评价指标体系，选用熵权法计算制造业创新能力指数，并将其作为创新能力的代理变量(计算结果如第三章所示)。

(3) 被解释变量：采用 C-D 生产函数计算全要素生产率(Giannetti 等，2015)，并将其作为经济增长的代理变量。其中，

产出指标 $Y_{i,t}$，用 i 行业 t 年份的制造业工业总产值进行衡量，因数据缺失，最终采用工业销售产值进行估算；劳动投入指标 L_{it} 用制造业从业人员平均人数进行反映；资本投入指标 K_{it} 用国际普遍采用的永续盘存法估计的资本存量计算，如公式(6-5)所示。

$$K_{it} = (1 - \sigma_{it})K_{it-1} + I_{it} \qquad (6-5)$$

式中：σ 为 i 行业 t 时期的资本折旧率；I 为固定资产投资额，并以2011年不变价为基期折算。为估算初始年份的资本存量，采用 Kohli(1978)的方法进行计算，即 $K_{i2011} = I_{i2012}/(\sigma_{i2012}+r_i)$，$r$ 为制造业不变价固定资产投资的实际增长率。因不同年份的资本结构存在差异，资本折旧率也会有所不同，故分别计算不同行业的资本折旧率，以提高计算结果的真实性和准确性。

2. 基本模型构建

本章假设 H3 认为制造业资本富集能够显著促进经济增长，故根据前文的理论分析，构建以下基本模型，如公式(6-6)所示。

$$TFP_{it} = \beta_0 + \beta_1 \ln Capital_{it} + \Sigma Control + \varepsilon_{it} \qquad (6-6)$$

式中：TFP 为全要素生产率，即经济增长的代理变量；β_0 为常数项；$Capital$ 为制造业资本富集水平；$Control$ 为控制变量；ε 为随机干扰项。

借鉴陈丰龙和徐康宁(2012)的做法，选取以下影响全要素生产率的控制变量：研发密度(用 R&D 费用支出与行业总产值的比率进行衡量)、固定资产率(用行业总产值与固定资产年均余额之间的比值进行衡量)、人力资本(用研发人员的数量与从业人员平均人数之比进行衡量)、对外开放度(用出口总额与行业总产值的比率进行反映)。

3. 门槛模型构建

基于前文的分析，制造业资本富集对经济增长的影响很可能受创新能力门槛效应的影响。为进一步检验该假设，本书以面板数据门槛模型理论为基础，参考 Wang(2015) 的做法进行模型估计，并将创新能力作为门槛变量，构建单门槛模型，如公式(6-7)所示。

$$TFP_{it} = \beta_0 + \beta_1 \ln Innov_{it} + \beta_2 \ln Capital_{it} I(\ln Innov_{it} < \eta_1) + \beta_3 \ln Capital_{it} \times I(\ln Innov_{it} \geq \eta_1) + \Sigma Control + \varepsilon_{it} \quad (6-7)$$

由于制造业创新能力可能存在多个门槛值，故对上述模型进行扩展，构建以下多门槛面板模型，如公式(6-8)所示。

$$TFP_{it} = \beta_0 + \beta_1 \ln Innov_{it} + \beta_2 \ln Capital_{it} \times I(\ln Innov_{it} < \eta_1) + \beta_3 \ln Capital_{it} \times I(\eta_1 \leq \ln Innov_{it} < \eta_2) + \cdots\cdots$$

$$\beta_{n+1} \ln Capital_{it} \times I(\eta_{n-1} \leq \ln Innov_{it} < \eta_n) +$$

$$\beta_{n+2} \ln Capital_{it} \times I(\ln Innov_{it} \geq \eta_n) + \Sigma Control + \varepsilon_{it} \quad (6-8)$$

式中：η 为未知门槛值；I 为指示指数，满足括号内的条件则将其赋值为 1，否则为 0。

6.3 实证分析

6.3.1 描述性统计

在实证分析之前，首先对主要变量进行描述性统计，结果如表 6-1 所示。由表 6-1 可知，制造业创新能力的均值为 0.126，标准差为 2.033，表明制造业不同行业的创新能力存在明显差异，最大达到 0.611，最小仅为 0.007；资本富集对数化后的均值为 8.550，标准差为 0.943，表明波动幅度较小；全要素生产率的均值为 0.273，最大值和最小值分别为 0.110 和 1.000，标准差为 0.149，表明整体而言制造业全要素生产率较低，对经济增长的贡献较弱。

表 6-1 主要变量的描述性统计结果

变量	含义	观测值	均值	标准差	最小值	最大值
ln $Innov$	创新能力	224	0.126	2.033	0.007	0.611
ln $Capital$	资本富集	224	8.550	0.943	5.912	9.785
TFP	全要素生产率	224	0.273	0.149	0.110	1.000
RD	研发密度	224	0.008	0.010	0.000	0.126
Cap	固定资产率	224	0.236	0.123	0.086	1.406
Hum	人力资本密度	224	0.038	0.031	0.001	0.256
$Open$	对外开放度	224	0.143	0.371	0.004	5.033
Exp	出口交货额	224	7.458	1.329	3.434	10.838
$Size$	行业规模	224	1.153	2.026	0.168	11.772
$Prof$	行业利润率	224	0.068	0.024	0.002	0.147
Con	行业集中度	224	1.351	0.737	0.096	6.342

为初步验证本书提出的假设，采用散点图法对主要变量的关系进行了直观考察，图 6-1 分别为资本富集与经济增长的散点图、创新能力与资本富集的散点图。由图 6-1 可知，资本富集与经济增长、创新能力与资本富集之间存在正相关关系，初步符合本书的预期。然而，资本富集对经济增长的促进作用是否受创新能力门槛效应的影响有待进一步检验，后文将分别对资本富集对经济增长的影响、创新能力对资本富集的影响进行分析。

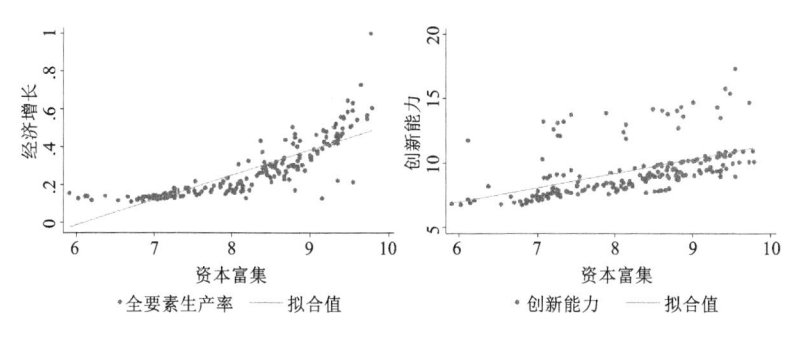

图 6-1 主要变量之间的散点图

6.3.2 实证检验

首先对资本富集与创新能力、资本富集与经济增长之间的关系进行线性回归，通过中心化处理缓解可能存在的共线性问题，采用的计量软件为 Stata 14.0，回归分析结果如表 6-2 所示。

表 6-2 变量的基本回归结果

变量	模型(1)	模型(2)
ln Capital	0.007***(0.001)	—
ln Innov	—	0.087***(0.016)
RD	-1.673(1.887)	-2.058(5.363)
Cap	-0.422***(0.084)	-0.440(0.396)
Hum	-0.059(0.263)	-1.066(1.481)
Open	0.04(0.045)	0.119(0.152)
constant	0.317***(0.018)	7.533***(0.189)
N	224	224
R^2	0.4936	0.247

注：括号内为稳健标准误；*$P<0.1$，**$P<0.05$，***$P<0.01$。

由表6-2可知，模型(1)为控制其他影响经济增长的变量之后，资本富集对经济增长的影响结果，结果显示二者的回归系数在1%显著性水平上为0.007，表明制造业资本富集水平越高，对经济增长的贡献越大，即资本富集对经济增长有显著的促进作用，支持假设H3。模型(2)为创新能力与资本富集之间的回归结果，二者的系数为0.087，且在1%的水平上显著，表明制造业资本富集水平受到创新能力的影响，这为后文分析奠定了基础。

为探讨资本富集的门槛效应，即资本富集对经济增长的作用是否受创新能力门槛效应的影响，本书进一步进行面板门槛模型检验。首先，参考Wang(2015)的研究，进行单门槛、双门槛、三门槛估计，分别得到其门槛值、F统计量和P值，结果如表6-3所示。由表6-3可知，单门槛在相应"自抽样"下的P值为0.000，其门槛值为10.872，通过了1%的显著性水平检验；双门槛在相应"自抽样"下的P值为0.047，其门槛值为10.883和10.914，通过了5%的显著性水平检验；三门槛未通过显著性检验，表明制造业创新能力存在双门槛效应。在此基础上，采用Likelihood-Ratio(LR)统计量描绘门槛效应置信区间图，如图6-2所示。

表6-3 门槛阈值估计结果

门槛类型	门槛值	F值	P值	临界值		
				10%	5%	1%
单门槛	10.872	46.14***	0.000	17.928	23.684	33.035
双门槛	10.883 10.914	58.57**	0.047	33.276	54.788	86.684
三门槛	14.324	8.07	0.223	14.134	31.413	52.935

注：P值与临界值均采用"自举法"反复抽样300次所得；*$P<0.1$，**$P<0.05$，***$p<0.01$。

第6章 制造业资本富集的门槛效应

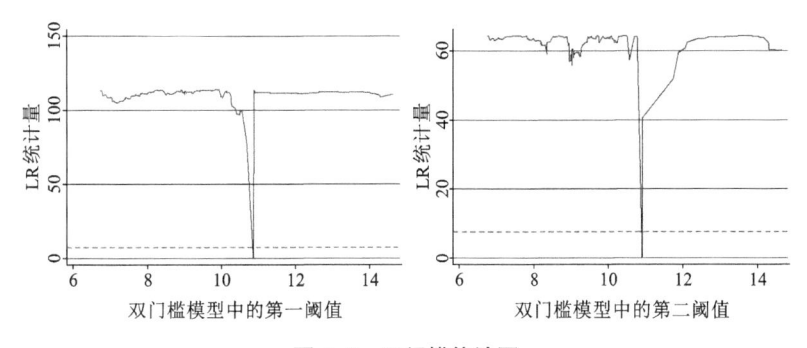

图6-2 双门槛估计图

前文结果表明,资本富集对经济增长的作用受创新能力双门槛效应的影响,部分支持假设H4。下面运用面板门槛回归模型进行进一步分析和探讨,结果如表6-4模型(1)所示。结果表明,资本富集对经济增长有显著的正向作用,且受到创新能力发展水平的双门槛效应的影响。通过对回归系数进行t检验,结果显示$P=0.046$,表明当创新能力处于不同的门槛区间时,资本富集对经济增长的影响存在显著性差异。具体表现:当创新能力小于第一门槛值10.872时,资本富集的回归系数为0.073,对经济增长有显著的正向作用;当创新能力大于等于第一门槛值并小于第二门槛值时,即[10.872,10.883),资本富集的回归系数出现明显提升,达到0.115;当创新能力大于等于第二门槛值并小于第三门槛值时,即[10.883,10.914),资本富集的回归系数降至0.074;当创新能力超过第三门槛值10.914时,资本富集的回归系数又有所回升,且在门槛值前后都通过了1%的显著性水平检验。因此,资本富集对经济增长的促进作用随创新能力发展水平的门槛效应发生变化,二者并非简单的线性关系,而是处于以创新能力为门槛划分区间的分段函数关系,其促进作用可分为先增强、后减弱、再增强三个阶段。

在第一阶段,当创新能力缺失或处于比较低的水平(创新能力<10.872)时,资本配置效率较低,高附加值或高技术含量的研发领域资金投入不足,导致创新行为仅仅是简单的技术模仿,而非致力于提升自身创新能力,造成产业结构升级乏力,经济增长较慢,资本对经济增长的促进作用有限。随着行业创新能力提升,跨越一定的"门槛",即达到区间[10.872,10.883)后,投资回报率增加,其带来的潜在经济利益诱因,加之资本的逐利性,将影响资本配置效率,使资本富集对经济增长的影响发生质变,其对经济增长的促进作用明显增强。因此,相对于低创新能力发展水平的行业而言,高创新能力发展水平下的资本富集对经济增长的正向效果表现更强。

在第二阶段,随着创新能力的进一步提升,达到区间[10.883,10.914)时,资本富集的规模不断扩大,但资本富集的边际效用递减,阻碍了资本富集对经济增长的促进作用,在这一区间,资本富集对经济增长的促进作用反而小于处于上一区间时的促进作用。这也表明了该阶段对行业发展来说是个筛选过程,资本富集的规模效应递增,但若不能很好地运用资本优势,而是进行盲目扩张,那么资本富集很可能是无效的,只能导致资本的非效率配置,这是经济增长的主要影响因素(Hsieh 和 Klenow,2009;钱雪松等,2018),因此,该阶段资本富集对经济增长的促进作用下降,甚至会透支中国经济发展潜力。相对于低创新能力发展水平的行业而言,高创新能力发展水平下的资本富集对经济增长的正向效果逐渐减弱。

在第三阶段,当创新能力超过 10.914 时,行业可能进入生命周期相对稳定的阶段,通过发挥资本优势、行业发展优势,将资金投向毛利率较高的投资项目,提高资本配置的有效性,进而增强资本富集对经济增长的正向效果。

表 6-4 面板门槛回归结果

变量	模型(1)	模型(2)	模型(3)
ln Innov	0.001(0.005)	0.004(0.004)	0.001(0.005)
ln Capital (ln Innov<门槛值1)	0.073*** (0.013)	0.028** (0.012)	0.072*** (0.017)
ln Capital (门槛值1≤ln Innov<门槛值2)	0.115*** (0.013)	0.031** (0.012)	0.115*** (0.017)
ln Capital (门槛值2≤ln Innov<门槛值3)	0.074*** (0.014)	0.033*** (0.012)	0.073*** (0.017)
ln Capital (ln Innov≥门槛值3)	0.079*** (0.014)	0.041*** (0.012)	0.079*** (0.017)
RD	-0.668 (0.619)	-3.379*** (1.080)	-0.401 (0.637)
Cap	-0.427*** (0.054)	-0.362*** (0.039)	-0.424*** (0.054)
Hum	-0.077 (0.153)	-0.080 (0.100)	-0.049 (0.156)

续表6-4

变量	模型(1)	模型(2)	模型(3)
Open	0.047** (0.022)	0.092*** (0.025)	0.040** (0.022)
Exp	—	—	-0.002 (0.020)
Prof	—	—	0.050 (0.387)
Con	—	—	0.009** (0.004)
constant	-0.238** (0.103)	0.079 (0.082)	-0.223 (0.122)
N	224	224	224
R^2	0.746	0.850	0.754

注：括号内为稳健标准误；*$P<0.1$，**$P<0.05$，***$P<0.01$。

6.3.3 稳健性检验

1. 移动平均处理

考虑到各年度数据可能存在一定程度的波动，本书将数据进行三次移动平均处理，并对面板门槛模型进行重新估计，结果如表6-4模型(2)所示。结果显示，在加入资本富集变量后，创新能力对经济增长的影响并不显著，再次证明了创新能力通过资本富集作用于经济增长的传导机制。同时，资本富集与经济增长之间显著正相关,且受创新能力双门槛效应的影响。从回归系数可以看出,在门槛前后均通过了至少5%的显著性水平检验。

2.增加控制变量

在前文研究中,仅控制了研发密度、固定资产率、人力资本和对外开放度,而考虑到遗漏变量可能对模型估计结果造成的影响,本章借鉴侯晓辉等(2011)、余东华等(2019)学者的研究,在原控制变量的基础上加入了行业层面的出口交货额、行业利润率、行业集中度等其他控制变量,回归结果如表6-4模型(3)所示。结果表明,在增加其他控制变量后,创新能力的传导机制仍然存在,且资本富集对经济增长的促进作用在创新能力双门槛前后均通过了1%的显著性水平检验,经历了先增强、后减弱、再增强的发展阶段,与前文的基准回归模型结果一致。

此外,考虑到经济增长可能存在滞后性,故将其滞后一期、滞后两期并重新估计,结果显示依然存在双门槛效应,再次验证了前文研究结论的稳健性。

本章小结

本章分析了制造业资本富集对经济增长的影响,并提出二者的作用关系可能受到制造业创新能力门槛效应的影响,在此基础上构建了面板门槛模型,并采用2011—2018年的制造业数据进行了实证研究,主要结论如下。

(1)制造业资本富集对经济增长具有显著的促进作用,且通过了1%的显著性水平检验。资本富集对经济增长的影响受到创新能力双重门槛效应的影响,单门槛估计值为10.872,双门槛估计值分别为10.883和10.914,且均通过了1%的显著性水平检验(门槛效应的具体表现如表6-5所示)。

表6-5　创新能力不同门槛值下资本富集对经济增长的影响

制造业创新能力	资本富集对经济增长的影响
跨越第一门槛,尚未达到第二门槛	促进作用增强
跨越第二门槛,尚未达到第三门槛	促进作用减弱
跨越第三门槛	促进作用增强

注：根据前文的计算结果汇总所得。

(2)相对于低创新能力发展水平而言,高创新能力发展水平下的资本富集对经济增长的促进作用可归纳为先增强、后减弱、再增强三个发展阶段。通过将数据进行三次移动平均处理、增加其他控制变量、核心被解释变量滞后处理,结果依然是稳健的。

第7章

制造业资本富集的资源配置效应

从资源配置的角度来看,制造业资本富集是资本流动的结果,除会带来资本总量的增加,还会引起信息、知识、人才等资源在不同行业或企业之间的重新分配,进而影响制造业创新能力,并在创新过程中形成正反馈,即具有依赖自身惯性发展的特征,这在前文的研究中已得到证实。部分学者对资本富集的效应进行分析时,研究视角主要集中于资本对经济增长的空间溢出效应、对劳动生产率的影响等,忽略了资本富集后的资源配置效率,而这是影响经济增长和产业发展的关键因素(Beck 等,2000)。因此,本章主要针对制造业资本富集后的资源配置效应展开研究,进而为后文提出的资源优化配置建议提供参考,以期进一步提高制造业创新能力。

7.1 理论分析与研究假设

7.1.1 理论分析

资本富集反映了制造业资本流动所带来的资本总量，而资本通过经济活动自发向投资回报率高的地区或部门之间流动的行为，导致资本的空间再配置，并进一步带动人才、资金、信息等资源向盈利性更强的高技术制造业行业汇聚，对经济增长和产业发展产生影响（Beck 等，2000）。鉴于此，本书对资本富集与资源配置效率之间的关系进行了实证分析。

资源配置是资源在各行业、地区、企业之间进行选择、安排、分配等，进而达到最佳效率的过程，资源的稀缺性和分布的不均衡性，加剧了不同主体之间资源的竞争和流动性（Brown 和 Svenson，1988），进而为资源配置提供了可能。出于利润最大化原则，经济学中的理性人追求有效的资源配置，即效率问题（Andersson 和 Karlsson，2006），也就是资本配置效率。关于资源配置效率的研究可分为以下两类：从广义视角来看，是资源配置实现的社会需求满足程度，反映了对经济增长的贡献；从狭义视角来看，是资源投入和产出之间的效率。本书认为制造业资本富集的资源配置效率是有限的资源在特定时间、空间的有效分配，通过最大限度地满足制造业各行业的资源需求，所能实现的制造业效用水平，它反映了制造业对人员、资金等资源投入的利用效率，并通过成果反馈促进新的资源投入或重新配置，帮助制造业

第 7 章 制造业资本富集的资源配置效应

企业等创新主体进行可持续的资源配置活动。由于现有学者普遍认为投资是经济增长的主要驱动力，对资源配置效率的研究主要集中于融资约束、金融发展水平、对外开放程度、政府干预、融资方式与融资结构等（Ma 等，2017；潘越等，2018；彭镇华和习明明，2018），鲜少涉及以资本为代表的非正式制度对资源配置效率的影响，且大多是区域性研究（Guiso 等，2004；Allen 等，2005；崔巍，2013），缺乏必要的理论支撑和内在逻辑分析，故本书在现有学者研究的基础上，提出制造业资本富集可通过以下几个方面影响资源配置效率。

首先，鉴于资本的逐利性本质，资本总是自发流向投资回报率更高的行业或领域（Jeffrey，2001），资本富集不仅有利于该行业既有的投资者缓解融资约束，进而提高投资效率，还能够通过资本集聚效应吸收更多的优质投资者进入该行业，进一步提高资本市场的流动性，实现制造业资源有效配置。其次，资本富集是资本流动的结果，其在引导制造业资本投向与投量、市场信息发现以及促进各行业之间的经济资源转移等方面发挥了重要作用，有利于促进制造业信息传递，通过缓解信息不对称问题而降低各市场主体因道德风险和逆向选择而产生的交易成本（李延凯和韩廷春，2011），提高交易效率，并最终反映在制造业资源配置效率上。从经济学的视角来看，资本流向反映了交易主体之间的合作倾向，包括诚信水平、道德规范、合作规范、团队精神等，较高的资本富集水平不仅反映了资本向更高回报率行业流动的趋势，在一定程度上也反映了地区或行业的合作倾向，有利于缓解委托代理问题（Xu 等，2020），长期且高收益的投资项目促进了制造业企业与投资者之间的信息共享，能降低代理成本，营造更好的投资者保护环境，这对提高企业投资效率和资源配置效率有着重要作用(于文超和何勤英，2013；潘越等，2018)，进而能促进企业将资本投放到优质的投资项目中。因此，资本富集不仅能够直接作用于资源配置效率，还能通过缓解信息不对称和委托代理等问题间接作用于资源配置效率(李海凤，2014)，具体路径如图7-1所示。

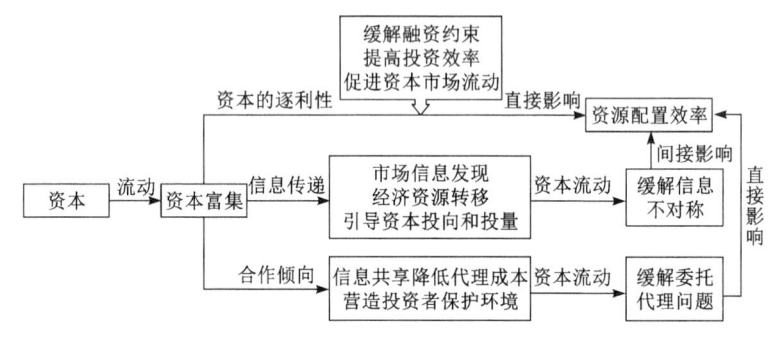

图 7-1　制造业资本富集对资源配置效率的作用路径

7.1.2　研究假设的提出

与其他制造业先行强国相比，我国制造业创新能力仍处于较低水平，关键核心技术对外依赖严重，呈现明显的"索洛悖论"现象，故提高制造业资源配置效率对制造业创新发展有积极影响。

由于我国资本市场发展滞后，投资主体结构以法人或个人投资者为主(吴永钢等，2019)，其投资行为追求经济效益最大化，机构投资者数量较少，导致各投资主体的融合程度较低，表现出"各自为政"的现象。当资本富集处于较低水平时，投资主体基于投机动机，过于追求短期经济利益，加上制造业创新主体各方面资源供给不足,难以为创新活动的顺利实施提供足够的支撑,削弱了行业或企业创新的动力和能力,使其倾向于放弃长期创新投资项目而转向其他短期盈利项目,对资源配置效率产生负向影响。同时,我国市场机制尚不完善,资源配置容易受到政府所重目标的影响(范硕和李俊江,2012),政府干预限制了制造业产品和要素市场的竞争及流动性,导致资本难以根据真实的市场信息和价格信号进入行业或企业,形成了资源错配或扭曲现象,如流向经济效益较差、边际资本产出较低的制造业某细分行业或企业,给资源配置效率带来负向影响。从前文的分析可知,资本富集水平较高的行业不仅包括利润率较高的行业、知识或技术密集型行业,还包括拥有国家政策支持、属于资源性行业等,但盈利能力较差或成果转化率较低的行业或部门,技术创新后劲不足,资源配置效率较低。然而,随着资本富集水平的不断提升,当其达到一定临界值时,前期资源消耗带来的收益逐渐显现出来,各投资主体能够根据制造业产出成果调整资源投入,使其重新分配到高资本回报率的行业或领域,实现资源效用最大化。此外,鉴于资本的逐利性本质,对低资本回报率的行业或企业要及时削减资本流入,反之则继续追加资本流入,从而改变资本流向,并加速人员、信息、技术等要素的流动和集聚,将其投向优质投资项目,形成更高的价值增值,提高制造业整体资源配置效率。这也表明资本富集水平越高,资本能够识别投资机会的功能越为有效,有利于促进资源得到合理配置。鉴于此,本书认为资本富集与资源配置效率之间存在曲线关系,并提出以下研究假设。

H5:制造业资本富集与资源配置效率之间存在 U 形曲线关系。

7.2 研究设计

7.2.1 样本与数据来源

为保证数据统计口径的一致性,本章选取 28 个制造业细分行业,选取的样本区间为 2011—2018 年,对数据缺失的样本采用线性插值法计算,所有数据均来源于国家统计局、中国统计年鉴、中国科技统计年鉴以及中国工业经济统计年鉴等。

在回归分析之前,对所有数据进行 1%水平上的 Winsorize 处理,以消除异常值对实证研究结果的干扰。

7.2.2 变量定义与模型构建

1. 资源配置效率的测度

国内外学者对资源配置效率进行了深入研究和探讨,其测度指标大致分为以下几类:一是采用 Jeffrey(2001)提出的定量化模型,部分学者据此提出资本配置效率提升是资本在高回报率的行业增加资金投入,在低回报率的行业减少资金投入的过程(陈艳利等,2014),反映了资源配置的有效程度(陈祖华和高燕,2018),但该模型主要围绕资本的流动和配置展开,指标定义与选择标准较为模糊,在行业研究中的适用性较差。二是采用生产率的离散程度作为代理变量,这也是被广泛使用的指标。由于资源能够在不同行业或区域之间自由流动,在不存在资源扭曲的完全竞争环境中,资源将自发向高生产率主体流动,进而对低生产率主体产生"挤出"效应,其离散度反映了资源的错配程度(Hsieh 和 Klenow,2009;宗慧隽和李真,2020)。然而,该指标假设条件比较严格,需满足特定的生产函数关系和规模报酬不变的前提,否则将影响测算结果的准确性。三是基于资源配置改善的视角,采用 OP、BHC 等方法将行业资源配置效率从生产率中分离并进行测度,其协方差越大,表明行业的资源配置效率越高(Bartelsman 等,2013;祝平衡等,2018),有效缓解了前两种方法存在的困境。

根据前文的分析,本书参考聂辉华和贾瑞雪(2011)、李艳和杨汝岱(2018)、林敢和陈廷贵(2020)等的研究,采用 OP 半参数法对制造业资源配置效率进行测度,采用的计算公式如式(7-1)所示。

$$OPCov_t = \sum (s_{i,t} - \bar{s}_t)(w_{i,t} - \bar{w}_t) \quad (7-1)$$

式中:$OPCov$ 为协方差,该指标值越大则意味着生产率高的行业获得的资源越多,资源配置效率越高;i 为制造业所属的细分行业;t 为年份;s 及 $\bar{s}$ 分别为第 i 个行业在第 t 时期的产出值及其算术平均值;w 及 $\bar{w}$ 分别为生产率水平及其算术平均值。

2. 基本模型构建

现有学者对资源配置效应的研究多以静态框架进行分析,忽视了制造业资本富集与资源配置效应之间的动态关系。为进一步探讨资本富集对资源配置效率的动态效应,根据前文测度的相关指标,本书引入因变量的滞后项及自变量资本富集的平方项,构建了以下动态面板模型,如公式(7-2)所示。同时,为探究同一时期制造业各企业之间可能存在的异质性,分析其静态关联,本书选用了静态面板模型作为对比，如公式(7-3)所示。

$$OPCov_{i,t} = \beta_0 + \sum \beta_1 OPCov_{i,t-s} + \beta_2 \ln Capital_{i,t}$$
$$+ \beta_3 \ln Capital_{i,t}^2 + \sum Controls_{i,t} + \varepsilon_{i,t} \quad (7-2)$$
$$OPCov_{i,t} = \varphi_0 + \varphi_1 \ln Capital_{i,t} + \varphi_2 \ln Capital_{i,t}^2$$
$$+ \sum Controls_{i,t} + \varepsilon_{i,t} \quad (7-3)$$

式中：$\ln Capital_{i,t}$ 为制造业资本富集；$Controls_{i,t}$ 为控制变量；i 为制造业各细分行业；t 为年份；s 为滞后的期数；ε 为随机干扰项。若 $\beta_2>0$，且 $\beta_3<0$，表明资本富集与资源配置效率之间存在倒 U 形关系；若 $\beta_2<0$，且 $\beta_3>0$，表明资本富集与资源配置效率之间存在 U 形关系。

由于资源配置效率不仅取决于企业或行业的主体行为，还受其所处市场条件的影响（成力为等，2009），故借鉴李锦旋和尹宗成（2015）、陈创练等（2016）学者的做法，考虑数据的可得性，最终选取制造业企业规模 $Size$、行业集中度 $Central$、行业开放程度 $Open$、行业利润率 $Profit$、人均工业产值 $Value$ 作为影响制造业资源配置效率的控制变量。

7.3 实证分析

7.3.1 动态演化

通过 OP 半参数法计算得到的 2011—2018 年制造业资源配置效率，如图 7-2 所示。

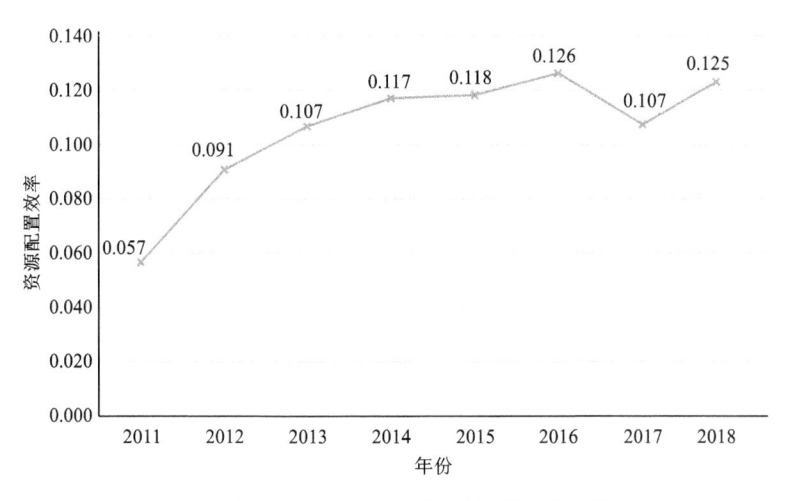

图 7-2 2011—2018 年制造业资源配置效率

（资料来源：作者根据 OP 半参数法计算所得）

由图 7-2 可知，在样本研究期间制造业资源配置效率的增长速度有所放缓，可能是因为其他市场尤其是房地产行业的高速发展对制造业实体经济产生了"挤出"效应。整体来看，制造业资本配置效率有所上升，并于 2016 年达到最大值 0.126，且近年来表现出明显的波动，原因可能如下：一是我国当前市场化发展程度尚不完全，制造业资本流动对国家宏观政策、经济形势、财政政策导向等因素的反应较为敏感，不同年份的经济发展水平、货币政策、金融市场发展程度等存在较大差异，导致制造业资源配置效率变化幅度较大。二是我国资源配置在一定程度上受政府行为或政策变化的影响，而非市场相对价格变化，限制了制造业资源配置功能的有效发挥，加上资本的边际效用递减，当制造业资本富集达到一定程度后，随着资本富集水平的不断提升，制造业各行业对相关资源的配置效率不断降低,难以最大限度地发挥制造业资源优势。三是考虑社会效益,在国家或政府政策导向下,更多的资本可能流向资本回报率较低的国有企业,导致资本具有"所有制偏好"。通过对2011—2018年制造业整个行业的资源配置效率进行分析,发现其均值为0.112,表明制造业资本配置效率仍处于较低水平,这与现有学者的研究结论一致(刘赣州,2003),从侧面反映出我国经济高速增长并非基于较高的行业资源配置效率,而是基于以投资为导向的粗放型经济发展模式。

7.3.2 实证检验

本书采用了动态面板数据模型对制造业资本富集的资源配置效应进行分析,该模型尽管在一定程度上能够缓解遗漏变量对模型估计结果的偏差,但由于引入了被解释变量的滞后项,可能导致内生性问题,故采用工具变量 GMM(generalized method of moments)广义矩估计,将 $Capital_{i,t-1}$ 作为内生解释变量,Controls 作为外生解释变量,借鉴 Wintoki 等(2012)确定工具变量滞后期的做法,将资源配置效率滞后两期(L. OPCov 和 L2. OPCov),以满足外生性要求。与系统 GMM 相比,差分 GMM 可能存在弱工具变量等问题(Arellano 和 Bond,1991;Che 等,2013),影响回归结果的有效性,故本书采用系统 GMM 方法进行检验,并运用 Sargan 法检验所选工具变量的有效性。此外,考虑到制造业资源配置效率并非直接观测值,而是通过 OP 半参数法计算得到的变量,若直接进行回归可能导致研究结果出现偏差,故选取考虑内生性问题的 2SLS 模型、Tobit 模型及基本回归模型 OLS 对静态面板数据模型进行估计,并将回归结果进行对比分析。

制造业资本富集与资源配置效率的系统 GMM 回归结果如表 7-1 的模型(1)所示。为便于对比分析,静态面板数据模型的回归结果如表 7-1 的模型(2)至模型(4)所示。

表 7-1 制造业资本富集与资源配置效率的回归结果

变量	模型(1) GMM	模型(2) 2SLS	模型(3) Tobit	模型(4) OLS
L.$OPCov$	0.743*** (0.249)	—	—	—
L2.$OPCov$	0.380* (0.230)	—	—	—
$\ln Capital$	-0.703** (0.313)	-2.411*** (0.485)	-1.493*** (0.114)	-0.014 (0.170)
$\ln Capital^2$	0.043** (0.019)	0.148*** (0.029)	0.092*** (0.007)	0.002 (0.010)
$Size$	0.005** (0.005)	-0.018** (0.005)	-0.007** (0.004)	0.015 (0.018)
$Central$	0.004 (0.006)	0.002 (0.007)	0.001 (0.010)	0.004 (0.007)
$Open$	0.174 (0.198)	0.079 (0.114)	0.113* (0.058)	-0.136* (0.083)
$Profit$	0.043 (0.295)	0.427 (0.463)	0.488* (0.299)	-0.398 (0.610)

续表7-1

变量	模型(1) GMM	模型(2) 2SLS	模型(3) Tobit	模型(4) OLS
Value	-0.021 (0.015)	0.054** (0.024)	0.061*** (0.014)	0.031** (0.013)
cons	-2.774** (1.270)	9.526*** (2.046)	5.731*** (0.453)	-0.060 (0.675)
R^2	—	—	0.127	0.150
AR(1) Test	-0.98**			
AR(2) Test	-1.09			
Sargan/R^2/Sigma	69.88	0.706	0.081	0.118
Hasen Test	0.422			

注：括号内为稳健标准误；*P<0.1，**P<0.05，***P<0.01；AR(1)、AR(2)分别用于检验GMM估计是否存在一阶和二阶序列相关；Hansen Test 表示过度检验的P值。

由表7-1可知，Sargan 统计量的p值为0.486，不能拒绝工具变量有效的原假设，因此，本书选取的工具变量整体上是有效的。从参数估计结果看，滞后一期和滞后两期的资源配置效率回归系数分别为0.743和0.380，在1%和10%的水平上显著，表明当期资源配置效率受到前两期的显著影响，也就是存在滞后效应时，在模型中应考虑制造业资源配置效率的滞后项对资本富集与当期资源配置效率产生的影响。资本富集的回归系数为-0.703，资本富集的二次项回归系数为0.043，均通过了5%的显著性水平检验，表明制造业资本富集与资源配置效率之间存在显著的U形曲线关系。

第 7 章　制造业资本富集的资源配置效应

在制造业资本富集水平较低时，其对资源配置效率有显著的负向效应，该作用随着资本富集水平的提升不断减弱。原因可能是：一方面，前期资本富集水平有限，制造业面临较强的融资约束问题，大多数企业倾向于规避风险，缺乏投资的积极性和能力，导致资本无法在制造业各行业和部门之间高效流动，而资本是制造业生产分化并黏合人才、技术等其他生产要素向高投资回报率的企业或部门配置的重要载体，进而给资源配置效率提升带来抑制作用。另一方面，制造业资本富集后可能并不直接应用于创新活动，而是基于制造业战略发展目标将其投入并购重组和规模性扩张等，但资源投入带来的产出或成果转化需要一定时间，导致该阶段资源消耗较多、产出不足，表现为较低的资源配置效率。当资本富集水平达到一定临界值后，其对资源配置效率的影响逐渐转化为显著的正向效应，原因在于该阶段制造业企业开始进入稳定发展期，资本富集有效缓解了制造业融资约束问题，投资积极性明显提升，加速了制造业各项资源要素在不同企业或部门之间的流动及信息传递，在拥有核心产品或一定市场基础后，制造业主体逐渐加大资源投入规模，并集中于产品研发或创新，以实现企业可持续发展。随着资本富集水平的不断提升，制造业创新成果的市场化和商品化进一步加快，生产效率获得大幅提升，前期资源消耗带来的收益逐渐显现出来，给资源配置效率带来正向影响。同时，鉴于资本的流动性和逐利性本质，资本所有者追求利润最大化，并根据资本回报率自发调整投资决策和资本流向，对盈利能力较强的行业追加投资，而对盈利能力较弱的行业减少投资，避免了根据产品市场价格波动对资本进行分配时产生的时滞和浪费问题，对资源配置效率具有显著的正向影响。因此，制造业资本富集与资源配置效率之间并非简单的线性关系，而是随着资本富集水平的提升，资源配置效率呈现先减后增的变化趋势，即二者存在 U 形曲线关系，支持假设 H5，具体关系示意图如图 7-3 所示。

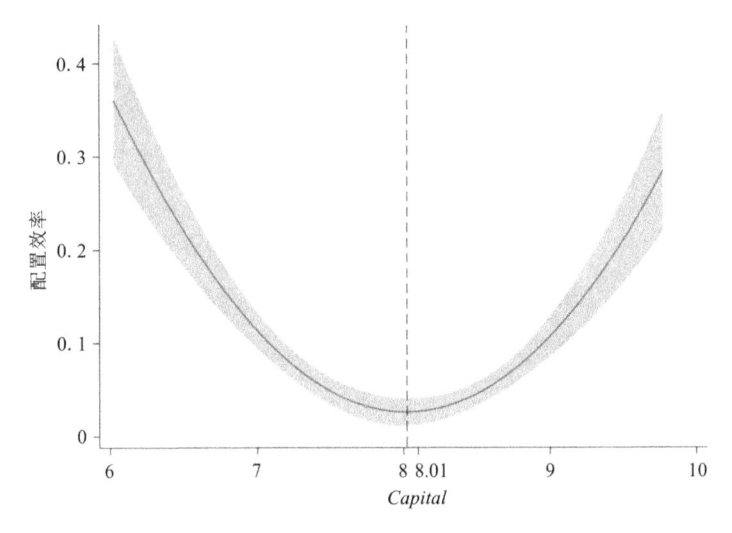

图 7-3 资本富集与资源配置效率的 U 形关系图

根据资本富集的一次项和二次项系数的数值进行计算，资本富集与资源配置效率的 U 形关系图最低点对应的资本富集水平为 8.01，由于原始数据进行了对数化处理，其原始值为 3010.92 亿元。当制造业资本富集低于 3010.92 亿元时，对资源配置效率有显著的负向影响，超过该水平时，对资源配置效率有显著的正向影响。值得关注的是，与 U 形关系图的左侧相比，右侧曲线斜率略低，原因可能是右侧部分对应的制造业主体样本数据较少，导致变化趋势有所放缓。此外，考虑内生性问题的 2SLS 模型和未考虑内生性问题的 Tobit 模型结果显示，资本富集及其二次项的回归系数分别为-2.411 和 0.148、-1.493 和 0.092，均通过了 1%的显著性水平检验，表明资本富集与资源配置效率之间呈显著的 U 形曲线关系。OLS 模型结果显示，制造业资本富集及其二次项的回归系数均发生了明显改变，且未通过显著性水平检验，原因可能是当制造业资源配置效率在特定的取值区间时，基本回归结果存在偏差，且模型中由不可观测的异质性导致的内生性问题影响了资本富集与资源配置效率之间的显著性水平，导致结果存在有偏估计，故应采用系统 GMM 方法对二者的动态效应进行检验，最终表现为显著的 U 形曲线关系，并在 5%的水平上显著。

7.3.3 稳健性检验

1. 移动平均处理

本书采用系统 GMM 法对资本富集与资源配置效率之间的关系进行实证分析，回归结果显示，资本富集与资源配置效率之间存在 U 形曲线关系，且考虑内生性问题的 2SLS 模型回归结果及未考虑内生性问题的 Tobit 模型回归结果均验证了其关系，这在一定程度上表明本书得到的研究结论是稳健的。然而，考虑到各年度数据可能存在较大的波动，本书将数据进行三次移动平均处理，并进行 1%水平上的缩尾处理，对资本富集与资源配置效率的动态面板模型进行重新估计，结果如表 7-2 的模型(1)所示。

表 7-2　资本富集与资源配置效率的稳健性检验结果

变量	模型(1)	模型(2) $\eta \leqslant 8.01$	模型(3) $\eta > 8.01$
L.OPCov	1.389*** (0.164)	—	—
L2.OPCov	0.482*** (0.166)	—	—
ln Capital	-0.214** (0.107)	-0.152*** (0.020)	0.151*** (0.016)
ln Capital^2	0.013** (0.007)	—	—
Size	-0.001 (0.002)	-0.014 (0.011)	-0.006*** (0.005)
Central	-0.003 (0.011)	0.010 (0.013)	-0.014 (0.017)
Open	-0.019 (0.025)	0.242** (0.094)	-0.127* (0.067)
Profit	0.040 (0.164)	0.643 (0.512)	0.368 (0.454)
Value	-0.034 (0.164)	0.098*** (0.027)	0.032** (0.012)
cons	0.914** (0.418)	-1.788*** (0.195)	1.081*** (0.115)
AR(1) Test	4.58***	—	—
AR(2) Test	-8.92	—	—
Sargan/R^2	119.26	0.490	0.571
Hasen Test	0.451	—	—

注：括号内为稳健标准误；*P<0.1，**P<0.05，***P<0.01；AR(1)、AR(2)分别用于检验 GMM 估计是否存在一阶和二阶序列相关；Hansen Test 表示过度检验的 P 值。

由表 7-2 模型(1)可知,前两期的资源配置效率对当期资源配置效率有显著影响,回归系数均通过了 1% 的显著性水平检验,资本富集及其二次项的回归系数分别为 -0.214 和 0.013,均通过了 5% 的显著性水平检验,表明制造业资本富集与资源配置效率之间存在显著的 U 形曲线关系,部分控制变量的符号尽管有所变化,但并不显著,且本书关注的重点在于核心解释变量的符合与显著性,研究结论基本是稳健的。

2. 分组回归

根据前文的 U 形关系图,制造业资源配置效率最低点对应的资本富集水平是 8.01,在该点左侧斜率为负,表明资本富集对资源配置效率的影响应为负;在该点右侧斜率为正,表明资本富集对资源配置效率的影响应为正。故本书按照资本富集的临界点对数据进行进一步分组回归检验,结果如表 7-2 中的模型(2)和模型(3)所示。

由表 7-2 模型(1)和模型(2)可知,当制造业资本富集的自然对数小于等于 8.01 时,其与资源配置效率的回归系数为 -0.152,且在 1% 的水平上显著,与前文的预期结论一致;当制造业资本富集的自然对数超过 8.01 时,其与资源配置效率的回归系数为 0.151,且在 1% 的水平上显著,表明当制造业资本富集超过一定水平后,其对资源配置效率的影响由负转正。因此,本书得到的研究结论具有一定的稳健性。

本章小结

本章对制造业资本富集的资源配置效应进行研究,通过理论分析构建了资本富集对资源配置效率的作用路径和系统模型,并提出了相应研究假设,运用2011—2018年制造业面板数据进行了实证检验。

首先,采用OP半参数法分别对制造业资源配置效率进行测度,并分析其动态变化趋势,结果表明在样本研究期间制造业资源配置效率呈波动上升的发展态势,从2011年的0.057增长至2018年的0.125,整体而言资源配置效率尽管有所提升,但仍然处于较低水平,在一定程度上反映了以投资驱动为核心的粗放型发展模式。

其次,根据前文测度的资源配置效率的相关指标,构建动态和静态面板模型,研究发现资本富集的回归系数显著为负,资本富集的二次项回归系数显著为正,表明资本富集与资源配置效率之间存在显著的U形曲线关系,但静态模型产生了过高或过低估计的偏误。同时,当制造业资本富集处于较低水平时,资源并未得到有效配置,其抑制作用随着资本富集水平的提升不断减弱,直至资本富集超过临界值8.01时,对资源配置效率的影响效果由负转正,进而引导资源流向生产率或盈利能力较高的行业或领域,促进资源配置效率的提升。将数据进行三次移动平均处理,模型回归结果依然是稳健的。

第 8 章

制造业创新能力与资本富集良性互动的政策建议

根据前文的研究结果，制造业资本富集影响资本市场投资者的羊群行为，并且在中、高资本富集水平和高创新能力环境下，羊群行为更为显著；制造业资本富集对经济增长有显著促进作用，表现为以创新能力为门槛值的先增强、后减弱、再增强的发展趋势；制造业资本富集与行业主体的资源配置效率之间存在显著的 U 形曲线关系。为更好地促进资本流动，发挥资本富集对制造业创新发展和社会经济增长的积极作用，本章从制造业资本富集所产生的羊群效应、双门槛效应及资源配置效应三个维度出发，提出更具有针对性的政策建议。

8.1 完善资本市场制度建设

8.1.1 引导资本的有序流动

制造业资本富集是资本流动的结果，包括国家资本、外商资本与民间资本等，鉴于民间资本高自由性的特征，其流向难以通过政府部门进行规划或控制，可能导致资本的无序或盲目流动。为更好地引导资本向有利于制造业创新发展和社会经济高质量发展的方向合理流动，本书提出以下政策建议。

首先，应根据国家发展战略引导资本流向，通过宏观调控对重点投资方向和领域的资本布局进行优化调整，并不断完善我国多层次资本市场体系与制度建设，建立和完善多元化融资渠道和金融服务模式，满足制造业创新主体在创新活动不同阶段的资金需求。如增强金融机构与创投机构、产投基金的合作，积极探索股权出资、证券化试点及兼并重组的退出方式，实现市场化优胜劣汰等，为制造业创新战略的实施营造良好的外部环境，促进资本有序流动。针对创新能力较弱的企业，可借助中小板和创业板实现与高精尖制造业企业的对接，并在相关配套政策方面，积极调整财政、金融等相关政策，探索建立政府部门促进制造业创新发展的新机制与管理模式，激发制造业尤其是技术水平较低的行业的内在创新动力，通过政策引导推动资本向该行业集聚，充分发挥资本富集对创新能力的促进作用，实现政策和资本驱动产业发展的良性互动。

第 8 章 制造业创新能力与资本富集良性互动的政策建议

其次,鉴于资本的逐利性本质,资本富集现象在高创新能力的制造业行业更为明显,在此基础上本书提出基于创新能力的羊群行为可能是投资者对市场预期的理性反应。创新能力引起的羊群行为既能满足制造业企业对资本的需求,进而增加创新投入,带来更高的利润率和资本收益,又能满足投资者基于利益最大化对较高收益率的追求。因此,政府部门可借鉴英美等发达国家资本市场的发展经验,设立专门参股的制造业投资基金,发挥政府产业资金的引导和示范作用,吸引更多的资本流向核心和关键技术攻关领域,为制造业创新发展提供资金支持,进而在资本逐利性的驱动下增强投资者的"理性"羊群行为,确保有技术优势的企业或行业获得发展所需资金,实现资本的优化配置。

最后,从投资者的视角来看,由于中小散户在市场中占据主体地位,对个人投资者而言有必要进行专业化投资培训,以减少认知偏差,如构建多层次、互补的投资者培训体系,培育投资分析师队伍等,避免投资决策的盲目性和短期投机行为,重点关注因创新能力引发的羊群效应所释放的市场信号,并将其作为投资价值判断的依据,做出理性的投资决策,使资本更好地服务于制造业创新发展。同时,投资者应关注资本市场基本面信息,结合宏观调控形势或政策变化及时调整投资策略,做出对市场的理性预期和合理判断,促使资本投向更为合理。

8.1.2 增强对资本的动态监督

根据前文的研究结果,中、高资本富集水平下投资者的羊群行为更为显著,在一定程度上表明资本富集是一种政策信号,在政府的引导或支持下资本不断向制造业某一细分行业集聚,并传递给资本市场投资者。因此,对政府部门而言,应进一步增强对资本的动态监督,更好地发挥资本效用,使之最大化。

政府作为行政管理体系的重要组成,应适当减少对市场资源的直接配置和对股票或债券市场的过度干预,提高市场自由度和有效性,进而形成有效的价格机制,使资本按市场规律进行流动,并使股票价格充分反映所有人都观察得到的一整套信息,减少投资者的非理性行为。根据 Vo 和 Phan(2019)的观点,市场非理性羊群行为可能与不完善的市场信息披露制度相关,在信息来源有限的前提下,因信息传递"堵塞"加剧了市场信息不对称,投资者将产生跟风行为。因此,政府部门应着力增加信息披露渠道,完善信息披露规范体系,进而提高市场信息的公开化和透明化,进一步提升信息时效性、准确性及真实性,降低私有信息获取成本和羊群效应。对监管部门而言,由于高波动率的市场环境引发的羊群行为相较于低波动率市场环境更为显著,故调整市场流动性对改善资本市场投资环境至关重要,监管部门应针对市场流动性设置科学合理的最低红线,一旦股票市场大幅度波动就应适当干预,维护投资者市场信心的同时,引导其树立良性投资竞争意识,促进资本市场的有序发展。此外,还应进一步加强市场的监督管理,包括在信息披露过程中的监督、评价和行政处罚等,理顺发行、定价、配售等过程中的运行模式,形成以市场化为主导的体制机制,鼓励资本流入与制造业结构性调整的相互协调,充分发挥技术溢出效应,促进制造业创新升级。

第 8 章 制造业创新能力与资本富集良性互动的政策建议

8.2 打造经济发展新引擎

8.2.1 构建制造业创新生态链

基于创新生态理论，学者们提出了"创新生态链"这一概念，即创新主体之间通过创新资源的集聚和充分运用，在优胜劣汰机制下形成互联竞合的创新生态体系。为增强制造业创新能力在资本富集与经济增长之间的促进作用，本书提出制造业创新生态链的理念，在该理念下，各创新主体相互依赖，有着共同的目标与目的，能够进行知识和技能共享，实现互补集合，进而促进系统协调发展。作为典型的自组织系统，开放性是制造业创新生态链形成的基本前提，这要求制造业创新主体与生态链内外部环境进行信息和资源交换，包括金融机构、政府部门、产销商、社会公共机构等通过开放共享进行市场信息、创新产品、创新资源、人员与技术的交换，推动生态链实现协同进化。这一过程中，内部环境决定了制造业创新生态链的内部构成，即成员之间是否能够形成稳定的生态链网，而外部环境决定了其能否生存和顺利发展。

一方面，企业是创新活动的载体和主要执行者，也是创新生态链的重要内部环境因素。制造业企业应充分利用外部系统环境，准确把握与制造业创新发展相关的法律法规，在政策引导下以技术合作、技术授权、解决方案开发等手段实现共赢。创新能力较强的企业可设立专业管理部门，增强与生态链系统中战略合作者的合作关系，如制造业企业、高校、研究所之间建立产学研联合体、校企联合体等，通过构建多边技术协作机制推进创新生态链的可持续发展。针对创新生态链的外围企业，可利用系统创新资源和先进制造业管理经验，与核心企业或系统内其他成员沟通交流，不断积累创新知识和技能，提高自身创新能力和市场竞争力，并反作用于创新生态链，进而在互惠共生的合作环境中实现协同进化。同时，结合前文的研究结果，由于制造业创新能力跨越第二门槛值后，资本富集对经济增长的促进作用减弱，在构建制造业创新生态链增强对资本的吸引力时，还应注重调整资本投放，加强该阶段对资本流动的动态监管和约束，提高资本使用效率。在投资项目的选择、实施过程中，应结合自身资源禀赋，压缩低效甚至无效的资本占用，避免短期行为。

另一方面，政府是影响制造业创新生态链的重要外部环境因素，可从以下层面采取相应措施：一是规范市场竞争秩序，深化科技体制改革，通过完善相关法律法规营造公平竞争的市场环境，推动实现制造业创新生态链中各成员的优胜劣汰；二是消除行政壁垒，降低对不同所有制企业的政策倾向和差异化待遇，使创新主体更多地依赖技术创新获取竞争优势；三是给予制造业创新生态链多元化资助，包括创建制造业技术创新基金、政府入股进行有偿投资、调整税收优惠政策等，这不仅能够增加政府部门对创新生态链发展的资金投入，而且可以有效引导风险投资、商业银行等机构的资本流向，有利于更好地辅助创新能力较低的行业或制造业企业跨越创新能力门槛值，发挥资本富集对经济发展的后发促进作用；四是加快技术服务基层设施建设，包括科技中介服务机构、服务体系、创新网络及信息平台等，并借鉴制造业

第8章　制造业创新能力与资本富集良性互动的政策建议

先行强国的管理经验,实行政府调控、协会管理,实现规范化、市场化的行业协会体系建设。

8.2.2　强化制造业创新主体地位

前文分析结果表明,制造业资本富集能够显著促进经济增长,但其促进作用因受创新能力门槛效应的影响而呈现先增强、后减弱、再增强的发展趋势。因此,制造业创新主体的创新能力在经济增长中发挥了关键作用,应致力于增强其创新主体地位。

人才是制造业创新发展的基础,也是资本、技术等创新资源的载体。在中国经济从高速增长向高质量转型的关键时期,制造业企业对高层次经营管理人才、高端技术创新人才等的需求更为迫切,除应加大人才引进力度和潜在创新人才培训力度外,还应营造良好的创新环境,包括人才交流、发展与配置、考核与激励等。同时,高校、科研院所等机构为制造业创新发展提供了一定的人才和技术支撑,对于实力较强的制造业企业,应进一步增强原始与重大创新,集中优势资源增强行业研发投入力度,突破关键核心技术和创新能力的发展瓶颈。而对于受资源限制的中小企业,则可充分运用外部高科技资源,如院校、科技园、科研机构等组建创新联合体或产学研多位一体的技术创新平台,通过资源的优化整合进行技术开发,不断提高自身创新能力,增强对资本的集聚效应。在该过程中,政府部门应发挥引导作用,鼓励创新要素在不同区域、生产部门和细分行业的流动,实现跨行业、跨区域的人才、资金、技术等资源配置,提高制造业整体创新能力,进而更好地发挥其对经济增长的促进作用。

此外,前文研究结果表明,创新产出是创新能力提升的关键要素，在整个评价体系中所占权重最高，制造业创新主体除应加强人力、物质资源的投入力度外，还应注重高新技术人才引进和复合型人才培养，建立创新激励机制和创新人才成长平台。同时，通过引进、消化吸收、再创新、自主创新等途径增强研发和生产能力，进而提高制造业创新产出水平和核心竞争力，为经济发展赋能。

8.3 合理配置生产要素

8.3.1 加快生产要素市场化改革

生产要素具有有限性和稀缺性的特点，不仅包括土地、劳动、资本等传统要素，还包括知识、技术、管理、大数据等新型要素。尽管制造业要素的质量和结构不断优化，为制造业创新发展奠定了基础，但在核心和关键技术领域，制造业仍面临高技术人才短缺、新技术对传统制造业的改造作用亟待增强、生产要素成本增长较快等突出矛盾和问题，有必要进一步深化要素市场改革，促进要素自主有序的流动。

政府部门应转变其在生产要素配置中的职能，从参与者及利益分享者逐渐向引导者、监督者、服务者的方向转移，积极探索以市场为主的生产要素配置方式，发挥制造业创新主体的地位，实现要素市场化发展。同时，还应调整以投入为导向的科技管理政策，转变制造业依靠大量资本和劳动等要素投入驱动的粗放型发展模式，使制造业尤其是技术水平和创新能力较强的高等技术

第8章 制造业创新能力与资本富集良性互动的政策建议

制造行业突破技术创新瓶颈,提高创新资源利用效率。具体建议有以下几方面。

(1)针对劳动力要素,应形成多层次人才配套政策和劳动力公共服务平台,通过加大人力资本投入力度、实施柔性化人才流动机制、开展教育培训,以及发挥政府对高技术人才流向的引导和支持作用等途径,优化劳动力供给结构和劳动力质量,进一步提升高端技术人员和应用型人才的配置占比,充分发挥不同行业或地区的人口数量优势与结构性优势,促进人力资源的合理配置。

(2)针对资本要素,应致力于构建多层次资本市场,逐步完善以直接融资为主的金融体系,提高有效金融服务供给水平,如发展产业链金融、推进绿色金融创新、鼓励银企与银政之间的信息共享共建等,促进对制造业科技型企业与传统产业优质企业的资金支持,为其提供更好的金融服务。

(3)针对知识和技术要素,应深化"政企教研"多边合作,建设开放型知识共享平台和科技成果转化基地,打破要素流动的体制机制障碍和行政区域壁垒,并加快知识产权投融资项目建设,进一步拓宽制造业技术转移、技术转化的融资渠道,借助科技保险、天使投资等实现创新成果的资本化,促进知识、技术和资本要素的深度融合。

(4)针对大数据要素,应致力于增强数据资源流动整合能力,形成开放、共享、交换的数据协调机制,如建立并完善制造业创新发展基础数据库,并结合产业标准打造全流程数据管理系统,推动基于工业互联网的智能制造系统的发展;在地方政府部门引导作用下,制造业企业与社会机构联动,共同构建智能数据安全系统，包括制定数据安全标准、明确各参与主体数据安全责任、规范市场准入制度等，实现制造业数字化转型。

8.3.2 建立制造业资源配置组织系统

制造业高质量发展是中国经济转型升级的综合体现，这离不开制造业的有效供给和资源配置效率的提升，进而以较少的要素投入带来较高产出和质量效益，可从以下几方面加以完善。

一是构建以制造业企业为创新主体、产学研相互融合的技术创新组织系统，合理确定政府、企业、高校及科研机构的功能定位。其中，政府部门是制造业创新环境和创新制度的供给者与维护者，既能根据国家战略规划对各生产要素进行统筹规划，确定资源投入方向和投入重点，并引导其配置到社会经济发展的重要领域和基础共性技术领域，又能通过政策法规等约束各参与主体的行为和权利义务，为更好地发挥市场在资源配置中的作用提供保障，促使高创新、高成长性的行业获取更多的资源支持。企业是创新活动的主体，在准确把握创新方向、整合及配置创新资源、促进创新成果转化等方面具有重要作用，应致力于提高其对创新生产要素的整合能力，如在内部发现创新所需知识、资金及技术等，在外部寻求多边合作以弥补自身资源的欠缺，通过知识共享、信息交流、能力互动等充分调动其他主体资源形成集群优势，并集中优势资源重点对关键核心技术展开攻关，提升制造业共性技术供给水平。高校和科研院所等主要负责人才培养、基础研究及技术开发等，以准确把握制造业企业和产业需求变化，及时调整技术创新组织系统中的要素配置，为创新活动的开展提供知识和技术支撑。

第 8 章 制造业创新能力与资本富集良性互动的政策建议

二是完善科技中介服务机构,加快形成技术创新服务体系。在资源配置组织系统中,科技中介服务机构承担着桥梁和纽带作用,同时也是资源合理配置的枢纽,但现阶段其发展尚不完善,难以在市场机制作用下自发形成,应通过政府支持逐步完善其组织制度和运行方式,在技术决策、研究开发、技术转移、产业化等方面为制造业企业提供服务支持。同时,还应加快开放式协同创新中心和行业共性技术平台的建设,根据各细分行业的创新发展需求和现实状况进行要素配置,提高要素与技术的互配性,促进部门生产率的提升。

三是构建制造业创新技术推广组织系统,加快创新成果转化。技术推广是促进制造业创新成果转化的重要途径,针对创新能力较弱的制造业传统产业,由于其发展主要依赖于传统要素的数量投入,受边际收益递减规律的制约长期以来处于产业链中低端,而技术、管理、制度等要素具有收益递增的特征,通过技术推广能为其提供从设计、制造、生产到安装及售后的专业化服务,有利于进一步扩大生产可能性边界,提高产业附加值,进而促进制造业从低端锁定向高质量方向发展,降低其对土地、劳动力等要素的数量依赖,从整体上提高各要素配置效率,实现产业升级。

本章小结

本章根据制造业资本富集的机理分析,结合行为金融理论、经济增长理论、要素禀赋理论、资源配置理论及实证研究结果,提出了相应的对策建议。在资本市场制度建设方面，通过引导资本有序流动，增强政府部门对资本的监督管理，更好地发挥资本对制造业创新发展的支持作用；在打造经济发展新引擎方面，通过构建制造业创新生态链形成互联竞合的创新生态体系，强化制造业创新主体地位，为经济增长赋能；在合理配置生产要素方面，通过加快生产要素市场化改革及建立制造业资源配置组织系统等措施，为制造业质量效益提升提供支撑。只有实现提高创新能力与资本富集的良性循环，才能不断提高制造业运行质量和经济效益，促进中国经济增长，提升全球竞争力。

第9章

总结与展望

9.1 总结

本书在国内外文献研究的基础上,分析了创新能力的影响因素,界定了资本的内涵与属性,并对制造业资本富集的过程进行了梳理。通过选取中国制造业28个细分行业作为研究样本,对制造业创新能力与资本富集之间的逻辑关系进行分析,并对资本富集后的宏观、中观和微观效应进行实证研究,主要得到以下研究结论。

1. 制造业创新能力呈波动上升趋势,且与资本富集之间存在长期、稳定的均衡关系

首先,本书从创新资源投入、创新实施和创新产出三个方面对制造业创新能力进行了衡量，将其归纳为人力资源、物质资源、研发能力、生产营销能力、专利产出及非专利产出六个维度，并设置相应的评价指标，通过熵权法得到了各指标权重和创新能力综合指数。结果显示，制造业创新能力在2011—2018年保持波动上升趋势，具有一定的脆弱性，容易受外部宏观政策、资源禀赋、经济水平等影响。同时，制造业创新能力在28个细分行业中存在异质性，通信设备、计算机及其他电子设备制造业，交通运输设备制造业，电气机械及器材制造业等行业的创新能力较高，而家具制造业、工艺品及其他制造业的创新能力处于较低水平。

其次，本书从资本总量、单个企业拥有的资本总量、亿元工业增加值占用的资本总量等视角验证了制造业资本富集存在的客观性，并对其行业分布和区域分布进行比较分析，揭示了资本富集的一般规律，即资本富集的行业普遍具有以下一项或多项特征：利润率较高、知识或技术密集、拥有国家政策支持、属于资源性或国家垄断性行业，且主要集中于东部经济发达地区。

最后，本书采用PVAR模型对制造创新能力和资本富集之间的关系进行分析，发现二者存在长期、稳定的均衡关系，且相互促进的影响关系随响应期数的增加逐渐减弱。脉冲响应和方差分解的结果表明创新能力和资本富集均存在依赖自身惯性发展的特征，资本富集对创新能力的影响程度小于创新能力对资本富集的影响程度。

2. 基于创新能力的视角分析制造业资本富集的影响因素和动力因素，构建制造业资本富集的三维合力模型，并提出资本富集的路径

本书从不同投资主体和制造业不同细分行业的层面对制造业资本富集的来源进行剖析，发现法人投资主体和个人投资主体是制造业资本的主要来源，各类资本的循环和运动形成了制造业资本富集，且存在明显的行业差异。其中，国家资本主要流向石油加工、炼焦及核燃料加工业，法人和个人资本主要流向化学原料及化学制品制造业、交通运输设备制造业等行业，外商资本主要集中于计算机、通信和其他电子设备制造业等。影响资本富集的主要因素包括外部影响因素（投资环境、国家政策导向、经济发展水平、外部宏观政策和体制环境等）和内部影响因素（研发投入、劳动力素质、要素禀赋与要素价格等）。在此基础上，本书基于创新能力的视角提出制造业资本富集所具有的拉力（制造业产业升级、互联网技术渗透）、推力（资本的逐利性本质、资本空间发展的不平衡性、政策和市场环境等）和引力（制造业创新能力、制造业盈利水平），进而构建了制造业资本富集的三维合力模型。由于资本富集是资本流动的结果，必然受资本流通空间渠道的影响，本书将其划分为单一化的以政府部门为主导的渠道和多样化的以市场为主导的渠道，并提出制造业资本富集的资源依赖路径、技术创新路径及政策依赖路径。

3. 制造业资本富集的羊群效应、门槛效应和资源配置效应的相关结论

从宏观角度来看，本书采用分位数回归模型构建了制造业资本富集与资本市场羊群行为的关系模型，发现市场投资者存在羊群行为，且在中、高资本富集水平和高创新能力下更为显著。由于资本的边际效用递减规律的存在，高资本富集水平下的羊群行为有所减弱。通过对比两个不同的市场波动率时期，发现低波动率期间中等资本富集对羊群行为有显著影响，而高波动率期间低、中、高资本富集对羊群行为均有显著影响，且中等资本富集水平下最为明显，这对进一步了解资本市场投资者行为具有一定现实意义。

从中观视角来看，本书基于创新能力的视角，采用双门槛效应模型探究了制造业资本富集和经济增长之间的非线性关系，研究发现制造业资本富集对经济增长具有显著的促进作用，并受到创新能力双重门槛效应的影响，门槛值分别为 10.872、10.883 和 10.914，不同门槛值下的促进作用经历了先增强、后减弱、再增强的发展阶段。

从微观视角来看，制造业资本富集后是否会引起制造业主体的资源配置效率是值得关注的问题。本书构建了制造业资本富集与资源配置效率之间的逻辑关系模型，采用 OP 半参数法对制造业资源配置效率进行了测度。研究发现我国经济发展仍属于以投资驱动的粗放型发展模式。动态和静态面板模型结果表明资本富集与资源配置效率之间存在显著的 U 形曲线关系，当制造业资本富集处于较低水平时，其对资源配置的抑制作用随着资本

富集水平的提升不断减弱，直至资本富集水平超过一定临界值时，其影响效应由负转正。

综上，本书从完善资本市场制度建设、打造经济发展新引擎及合理配置生产要素三个层面提出了相应的对策建议，包括引导资本的有序流动、增强对资本的监督管理、构建制造业创新生态链、强化制造业创新主体地位、加快生产要素市场化改革、建立制造业资源配置组织系统等，旨在更好地发挥资本富集对制造业创新发展的促进作用，实现经济转型升级。

9.2 主要创新点

本书创新点主要有以下几方面。

1. 提出制造业创新能力与资本富集的逻辑分析框架，实证检验二者的相互作用关系以及跨期影响，相关结论为创新能力理论和资本积累理论提供了新的研究视角，即基于创新能力视角的制造业资本富集现象研究

近年来，关于制造业资本对创新能力的影响问题受到了国内外学者的关注，但主要集中于人力资本、社会资本、知识资本等，鲜少从资本富集层面考察制造业创新能力与资本富集之间的关系，缺乏完整的理论研究框架体系。本书基于创新能力理论、资本积累理论、行为金融理论、经济增长理论、要素禀赋理论、资源配置理论等多种经济学和管理学理论，结合中国制造业发展的实际情况，提出了制造业创新能力与资本富集的逻辑分析框架，并采用PVAR

模型进行了实证检验,有助于对二者的相互作用关系的进一步认识。同时,运用脉冲响应和方差分解揭示了创新能力与资本富集之间的跨期影响,为制造业资本富集的研究提供了新的视角,为基于创新能力的制造业资本富集效应的研究提供了理论支撑。

2. 构建了制造业资本富集的三维合力模型,并系统梳理了资本富集的渠道和路径,探索性地揭示了创新能力对制造业资本富集的影响机理

目前学术界关于资本富集这一概念并未形成统一的定义,对资本富集的形成机理也缺乏系统总结和梳理。本书在理论和文献研究的基础上,界定了资本富集的内涵,分析了制造业资本富集的变化趋势、行业分布和区域分布等,进而归纳整理了制造业资本富集的一般规律,是对现有研究的进一步丰富和完善。关于资本富集的机理,首先探究了制造业资本富集的内、外部影响因素,并借鉴物理学中的拉力、引力和推力等相关概念,提出了制造业资本富集的拉力、引力和推力模型。然后在此基础上构建了制造业资本富集的三维合力模型,并对资本富集的渠道进行了阐述,将资本富集路径归纳为资源依赖路径、技术创新路径和政策依赖路径,是对马克思主义资本积累理论和创新能力理论的融合发展。

3. 基于经济学、管理学等交叉学科,系统研究制造业资本富集效应,拓展了资本积累理论的相关研究,对资本市场管理者、企业管理者和政府部门决策提供理论支持

现有关于制造业资本富集效应的研究缺乏系统、全面的理论分析和实证检验,制造业资本富集后对资本市场的影响、对经济发展的影响及对行业资源配置效率的影响均有待深入探索。本书基于经济学、管理学等交叉学科，对制造业资本富集产生的效应进行了系统研究。以行为金融理论为基础，采用分位数回归模型对制造业资本富集在资本市场上形成的羊群效应进行分析，并进一步探索不同创新能力水平、不同市场波动率环境下的羊群效应程度；以经济增长理论和要素禀赋理论为基础，将制造业创新能力作为门槛变量，采用双门槛回归模型对制造业资本富集对中国经济增长的双门槛效应进行分析；以资源配置理论为基础，采用动态和静态面板模型对制造业资本富集产生的资源配置效应进行分析，得到资本富集与资源配置效率之间存在 U 形曲线关系的结论，并求解最低点对应的资本富集水平，这为理解资本市场投资者的行为、推动中国经济可持续增长、高效配置制造业资源提供了理论借鉴和数据支撑，进一步拓展了资本积累理论的研究思路。

9.3　研究局限与展望

9.3.1　研究局限

本书通过研究制造业资本富集与创新能力的相互作用关系，运用 PVAR 模型分析了二者的逻辑关系和波动传导机制，在此基础上基于创新能力的视角对制造业资本富集机理进行了考察，并分析了其羊群效应、门槛效应和资源配置效应，尽管取得了一定的研究成果，但鉴于部分数据难以获取和研究范围较为有限，仍有以下不足。

首先,鉴于数据可得性和统计口径的异质性,实证研究的时间跨度相对较短。本书以制造业为研究样本,鉴于数据的可得性,最新年度的资本富集水平相关数据缺失,部分年度上市公司专利数据、新产品销售收入等数据缺失,且2011年前后的数据统计口径存在差异,故仅以2011—2018年制造业工业企业为研究对象,并将其划分为28个细分行业进行实证研究,时间跨度相对较短。考虑到制造业创新活动具有较长的周期性,创新能力与资本富集之间的相互作用关系可能需要更长时间跨度的检验。

其次,基于创新能力的视角重点考察制造业资本富集效应,在实证检验中加入了多个控制变量,如制造业企业规模、行业集中度、行业开放程度、行业利润率、人均工业产值、科研机构数、固定资产率等可能影响经济增长或资源配置效率的指标,但资本富集是资本市场中的资本向某一方向或领域流动的结果,资本富集效应可能受到市场化程度、宏观经济、制度环境等外部宏观因素的影响,但由于部分指标难以量化,加上数据获取的难度较大,本书并未将其纳入研究模型,可能导致制造业创新能力与资本富集关系的研究分析失之偏颇。尽管实证研究结论验证了提出的研究假设,但整体来看仍有待完善。

最后,虽然对制造业创新能力与资本富集的关系、制造业资本富集效应进行了深入研究和探讨,并考虑了不同创新能力水平下制造业资本富集效应的差异,但并未全面考虑各细分行业之间的异质性特征,如行业规模差异、所有制垄断特征、外部发展环境等,可能对本书研究结论的普适性产生一定影响,有待进一步详细论述。

9.3.2 研究展望

针对以上局限性，未来的研究可从以下几方面入手进行完善。

首先，丰富数据信息获取的渠道，弥补当前数据缺失导致的时间跨度相对较短的局限性。在今后的研究中，将考虑采用爬虫、实地调研、咨询专业机构等方式分析并收集制造业创新能力与资本富集的相关数据，重点对2019年的最新数据进行深入挖掘，进而补充和更新样本研究期间对制造业各行业创新能力和资本富集水平变化趋势的分析，对制造业资本富集后所产生的羊群效应、门槛效应及资源配置效应等进行更长时间跨度的检验。

其次，丰富和拓展创新能力与资本富集的研究视角。现阶段的研究对制造业创新能力与资本富集的关系、基于创新能力的制造业资本富集机理进行了详细论述，但二者的相互作用关系是否受其他因素的影响或制约，是未来研究重点关注的问题之一。同时，制造业资本富集是内外部因素综合作用的结果，在未来的研究中将采用更为全面的衡量指标，并考虑宏观经济和制度环境等外部宏观因素、制造业主体微观环境产生的差异性影响，以提高研究结论的准确性和可靠性，进一步丰富和完善现有研究内容。

最后，考虑数据可得性，未来的研究可将制造业28个细分行业划分为不同的组别，对其资本富集效应进行分组检验、分行业检验等，弥补现有研究的不足，通过经济学、管理学等不同学科的交叉应用，以期提供更为全面、细致的研究结论，在此基础上提出更具有针对性的对策建议，提高研究结论的实践价值。

参考文献

[1] FAN S, KANBUR R, WEI S J, et al. The economics of China: Successes and challenges[J]. NBER Working Paper, 2013, No. 19648.

[2] 唐未兵, 傅元海, 王展祥. 技术创新, 技术引进与经济增长方式转变[J]. 经济研究, 2014, 49(7): 31-43.

[3] BLACKBURN K, CIPRIANI G P. Intergenerational transfers and demographic transition[J]. Journal of Development Economics, 2005, 78(1): 191-214.

[4] 柳卸林. 市场和技术创新的自组织过程[J]. 经济研究, 1993(2): 34-37.

[5] KEYNES J M. The general theory of employment interest and money[M]. London: Kessinger Publishing, 1936.

[6] BURGELMAN R A, MAIDIQUE M A. Strategic management of technology and innovation[M]. Irwin: Homewood, 1988.

[7] 李垣, 汪应洛. 企业技术创新动力机制构成要素的探讨[J]. 科学管理研究, 1994(4): 43-45.

[8] 傅家骥. 技术创新学[M]. 北京：清华大学出版社，1999.

[9] 胡恩华. 企业技术创新能力指标体系的构建及综合评价[J]. 科研管理，2001(4)：80-85.

[10] 魏江，徐蕾. 知识网络双重嵌入、知识整合与集群企业创新能力[J]. 管理科学学报，2014，17(2)：34-47.

[11] YAM R C M, LO W, TANG E P Y, et al. Analysis of sources of innovation, technological innovation capabilities, and performance：An empirical study of Hong Kong manufacturing industries [J]. Research Policy, 2011, 40(3)：391-402.

[12] 张军，许庆瑞. 知识积累规律如何决定企业自主创新能力[J]. 清华管理评论，2017(10)：27-35.

[13] JAAKKOLA M. Market-Driven Innovation Capability and Financial Performance：Moderating Effect of Environmental Turbulence [C]. The Sustainable Global Marketplace. Developments in Marketing Science：Proceedings of the Academy of Marketing Science, Springer International Publishing, 2015.

[14] 唐要家，唐春晖. 竞争、所有权与中国工业行业技术创新效率[J]. 上海经济研究，2004(6)：13-19.

[15] 黄基伟，于忠鑫. 开放经济下我国技术创新能力的影响因素研究：基于我国30省际面板数据的实证分析[J]. 国际贸易，2011(2)：14-20.

[16] HYYTINEN A, TOIVANEN O. Do financial constraints hold back innovation and growth? Evidence on the role of public policy[J]. Research Policy, 2005, 34(9)：1385-1403.

[17] QUADRINI V. Entrepreneurship in macroeconomics [J]. Annals of Finance, 2009(3)：295-311.

[18] GEHRIGER A. Growth, productivity and capital accumulation：The effects

of financial liberalization in the case of European integration[J]. International Review of Economics & Finance, 2013, 25(1): 291-309.

[19] 石璋铭, 谢存旭. 银行竞争、融资约束与战略性新兴产业技术创新[J]. 宏观经济研究, 2015(8): 117-126.

[20] 韩磊. 中国金融资源配置对区域创新能力的影响机制与效应研究[D]. 沈阳: 辽宁大学, 2018.

[21] 李晓龙, 冉光和, 郑威. 金融发展、空间关联与区域创新产出[J]. 研究与发展管理, 2017(1): 55-64.

[22] BIANCHI M. Credit constraints, entrepreneurial talent, and economic development[J]. Small Business Economics, 2010, 34(1): 93-104.

[23] 王贞洁. 信贷歧视、债务融资成本与技术创新投资规模[J]. 科研管理, 2017(10): 9-17.

[24] XIAO S, ZHAO S. Financial development, government ownership of banks and firm innovation[J]. Journal of International Money and Finance, 2012, 31(4): 880-906.

[25] 丁一兵, 傅缨捷, 曹野. 融资约束、技术创新与跨越"中等收入陷阱": 基于产业结构升级视角的分析[J]. 产业经济研究, 2014(5): 101-110.

[26] CHAVA S, OETTL A, SUBRAMANIAN A, et al. Banking deregulation and innovation[J]. Journal of Financial Economics, 2013, 109(3): 759-774.

[27] CORNAGGIA J, MAO Y, TIAN X, et al. Does banking competition affect innovation?[J]. Journal of Financial Economics, 2015, 115(1): 189-209.

[28] 蔡竞, 董艳. 银行业竞争与企业创新: 来自中国工业企业的经验证据[J]. 金融研究, 2016(11): 96-111.

[29] 李后建, 张宗益. 金融发展、知识产权保护与技术创新效率: 金融市

场化的作用[J]. 科研管理, 2014, 35(12): 160-167.

[30] ANG J B. Innovation and financial liberalization[J]. Journal of Banking and Finance, 2014, 47(1): 214-229.

[31] 张杰, 郑文平, 新夫. 中国的银行管制放松、结构性竞争和企业创新[J]. 中国工业经济, 2017(10): 118-136.

[32] 张宗和, 彭昌奇. 区域技术创新能力影响因素的实证分析: 基于全国30个省市区的面板数据[J]. 中国工业经济, 2009(11): 35-44.

[33] AGHION P, ASKENAZY P, BERMAN N, et al. Credit constraints and the cyclicality of R&D investment: Evidence from micro panel data[J]. Journal of the European Economic Association, 2012, 10(5): 1001-1024.

[34] GORODNICHENKO Y, SCHNITZER M. Financial constraints and innovation: Why poor countries don't catch Up[J]. Journal of the European Economic Association, 2013, 11(5): 1115-1152.

[35] EZZAHID E, ELOUAOURTI Z. Financial development and total factors productivity channel: Evidence from africa[R]. Mpra Paper, 2017.

[36] 鞠晓生, 谭琦. 中国金融体系改革对企业创新的影响: 制度比较与政策分析[J]. 科技进步与对策, 2015, 32(19): 20-24.

[37] 张恒梅. 当前中国先进制造业提升技术创新能力的路径研究: 基于美国制造业创新网络计划的影响与启示[J]. 科学管理研究, 2015, 33(1): 52-55.

[38] 赵旭梅. 专利保护宽度的国际趋同与创新博弈[J]. 科研管理, 2015, 36(9): 128-133.

[39] 李爽. 专利制度是否提高了中国工业企业的技术创新积极性: 基于专利保护强度和地区经济发展水平的"门槛效应"[J]. 财贸研究, 2017, 28(4): 13-24, 42.

[40] 操龙升, 赵景峰. 专利制度对区域技术创新绩效影响的实证研究: 基

于专利保护视角[J]. 中国软科学, 2019(5): 97-103.

[41] 樊琦, 韩民春. 政府 R&D 补贴对国家及区域自主创新产出影响绩效研究: 基于中国 28 个省域面板数据的实证分析[J]. 管理工程学报, 2011, 25(3): 183-188.

[42] 冯宗宪, 王青, 侯晓辉. 政府投入、市场化程度与中国工业企业的技术创新效率[J]. 数量经济技术经济研究, 2011, 28(4): 3-17+33.

[43] 肖文, 林高榜. 政府支持、研发管理与技术创新效率: 基于中国工业行业的实证分析[J]. 管理世界, 2014(4): 71-80.

[44] 李苗苗, 肖洪钧, 傅吉新. 财政政策、企业 R&D 投入与技术创新能力: 基于战略性新兴产业上市公司的实证研究[J]. 管理评论, 2014, 26(8): 135-144.

[45] 江珂, 卢现祥. 环境规制与技术创新: 基于中国 1997—2007 年省际面板数据分析[J]. 科研管理, 2011, 32(7): 60-66.

[46] 张慧明, 李廉水, 孙少勤. 环境规制对中国重化工业技术创新与生产效率影响的实证分析[J]. 科技进步与对策, 2012, 29(16): 83-87.

[47] 余东华, 胡亚男. 环境规制趋紧阻碍中国制造业创新能力提升吗: 基于"波特假说"的再检验[J]. 产业经济研究, 2016(2): 11-20.

[48] 杨朝均, 呼若青, 冯志军. 环境规制政策、环境执法与工业绿色创新能力提升[J]. 软科学, 2018, 32(1): 11-15.

[49] 陈宇科, 刘蓝天. 环境规制强度、企业规模对技术创新质量的影响[J]. 科技进步与对策, 2019, 36(16): 84-90.

[50] DOVING E, GOODERHAM P N. Dynamic capabilities as antecedents of the scope of related diversification: The case of small firm accountancy practices[J]. Strategic Management Journal, 2008, 29(8): 841-857.

[51] ZHANG Y, LI H. Innovation search of new ventures in a technology cluster: The rule of ties with service intermediaries[J]. Strategic Management Journal, 2010, 31(1): 88-109.

[52] LYDIA G. Intra and inter-regional knowledge spillovers: Evidence from european regions[J]. European Planning Studies, 2005, 13(3): 449-473.

[53] 贾生华,田家欣,李生校. 全球网络、本地网络对集群企业技术能力的影响[J]. 浙江大学学报(人文社会科学版), 2008(2): 126-135.

[54] 李玥,张雨婷,郭航,等. 知识整合视角下企业技术创新能力评价[J]. 科技进步与对策, 2017, 34(1): 131-135.

[55] 周黎安,罗凯. 企业规模与创新：来自中国省级水平的经验证据[J]. 经济学(季刊), 2005(2): 63-78.

[56] LAFORET S. Effects of size, market and strategic orientation on innovation in non-high-tech manufacturing SMEs[J]. European Journal of Marketing, 2013, 43(1): 188-212.

[57] ZHANG J J, GUAN J. The time-varying impacts of government incentives on innovation[J]. Technological Forecasting & Social Change, 2018(135): 132-144.

[58] 曹洪军,赵翔,黄少坚. 企业自主创新能力评价体系研究[J]. 中国工业经济, 2009(9): 105-114.

[59] 陈思,何文龙,张然. 风险投资与企业创新：影响和潜在机制[J]. 管理世界, 2017(1): 158-169.

[60] 梁圣蓉. 国际研发资本技术溢出对绿色技术创新效率的动态效应[J]. 科研管理, 2019, 40(3): 21-29.

[61] 陈锋. 企业文化提升创新能力研究[J]. 管理工程学报, 2009, 23(1): 40-44.

[62] 许婷,杨建君. 股权激励、高管创新动力与创新能力：企业文化的调节作用[J]. 经济管理, 2017, 39(4): 51-61.

[63] 白旭云,由丽萍,徐枞巍. 中小企业盈利能力与R&D投入关系实证研究：基于深市制造业上市公司的数据分析[J]. 科技进步与对策,

2012, 29(24): 104-107.

[64] 李小平, 李小克. 企业家创业促进了企业创新吗: 基于省级工业企业所有权异质性的分析[J]. 贵州财经大学学报, 2017(2): 63-74.

[65] 顾露露, 蔡良, 雷悦. 家族治理、所有权变更与企业创新: 基于中国家族企业的实证研究[J]. 管理科学, 2017, 30(2): 39-53.

[66] 马宗国. 中小企业研究联合体自主创新能力提升路径研究[J]. 科研管理, 2019, 40(3): 51-62.

[67] 杨明海, 张红霞, 孙亚男. 七大城市群创新能力的区域差距及其分布动态演进[J]. 数量经济技术经济研究, 2017, 34(3): 21-39.

[68] ARDITO L, DIEGO D A. Mapping innovation dynamics in the internet of things domain: Evidence from patent analysis [J]. Technological Forecasting & Social Change, 2018(136): 317-330.

[69] 金成. 战略性新兴产业技术创新能力的计量分析[J]. 统计与决策, 2019, 5(24): 110-113.

[70] 王然, 燕波, 邓伟根. FDI对我国工业自主创新能力的影响及机制: 基于产业关联的视角[J]. 中国工业经济, 2010(10): 16-25.

[71] 钟宇翔, 吕怀立, 李婉丽. 管理层短视、会计稳健性与企业创新抑制[J]. 南开管理评论, 2017, 20(6): 163-177.

[72] 梁晓捷, 王兵. 基于专利信息的国内外钢铁产业技术创新能力评价[J]. 管理学报, 2017, 14(3): 382-388.

[73] BUESA M, HEIJS J, BAUMERT T. The determinants of regional innovation in europe: A combined factorial and regression knowledge production function approach [J]. Research Policy, 2010, 39(6): 722-735.

[74] FLOR M L, OLTRA M J. Identification of innovating firms through technological innovation indicators: An application to the spanish ceramic tile industry[J]. Research Policy, 2004, 33(3): 323-336.

[75] 王伟光,陈锡文,李扬,等."十二五"时期我国经济社会发展改革问题笔谈[J].经济研究,2010,45(12):4-22.

[76] ACS Z J, AUDRETSCH D B. Innovation in large and small firms: An empirical analysis[J]. The American Economic Review, 1988, 78(1): 678-690.

[77] 曹勇,秦以旭.中国区域创新能力差异变动实证分析[J].中国人口资源与关键,2012,22(3):164-169.

[78] PELLEGRINO G, PIVA M, VIVARELLI M. Young firms and innovation: A microecono-metric analysis [J]. Structural Change and Economic Dynamics, 2012, 23(4): 329-340.

[79] 白俊红,蒋伏心.协同创新、空间关联与区域创新绩效[J].经济研究,2015,50(7):174-187.

[80] 林炜.企业创新激励:来自中国劳动力成本上升的解释[J].管理世界,2013(10):95-105.

[81] 吴延兵.中国哪种所有制类型企业最具创新性?[J].世界经济,2012,35(6):3-25,28-29,26-27.

[82] 李妃养,黄何,陈凯.广东各地市创新能力评价研究[J].科研管理,2018,39(S1):111-121.

[83] 薛永刚.1995—2015年"泛珠三角"区域医药制造业创新能力空间计量分析:基于空间误差分量模型的实证研究[J].软科学,2018,32(7):21-24,34.

[84] KLEINKNECHT A, MONTFORT K V, BROUWER E. The mon-trivial choice between innovation indicators[J]. Economics of Innovation and New Technology, 2002, 11(2): 109-121.

[85] 支军,王忠辉.自主创新能力测度理论与评估指标体系构建[J].管理世界,2007(5):168-169.

[86] 陈继勇,雷欣,黄开琢.知识溢出、自主创新能力与外商直接投资

[J]. 管理世界, 2010(7): 30-42.

[87] DADURA A M, LEE T R. Measuring the innovation ability of Taiwan's food industry using DEA[J]. Innovation the European Journal of Social Science Research, 2011, 24(1-2): 151-172.

[88] CHEN X S, WANG H Q, GU Y. The effect of innovation environment on the equipment manufacturing industry in China[C]. The 19th international conference on industrial engineering and engineering management, 2013.

[89] WANG Q, HANG Y, SUN L, et al. Two-stage innovation efficiency of new energy enterprises in China: A non-radial DEA approach[J]. Technological Forecasting & Social Change, 2016, 112(4): 254-261.

[90] 寇小萱,孙艳丽. 基于数据包络分析的我国科技园区创新能力评价: 以京津冀、长三角和珠三角地区为例[J]. 宏观经济研究, 2018(1): 114-120.

[91] 张永安,鲁明明. 高技术制造业创新效率评价及要素投入差异性研究[J]. 科技进步与对策, 2019, 36(16): 51-57.

[92] 王洪庆,侯毅. 中国高技术产业技术创新能力评价研究[J]. 中国科技论坛, 2017(3): 58-63.

[93] 张立恒. 基于AHP-熵权法的我国区域科技创新可拓学评价模型及实证研究[J]. 工业技术经济, 2019, 38(8): 130-136.

[94] BO C, STAFFAN J, MAGNUS H, et al. Innovation systems: Analytical and methodological issues[J]. Research Policy, 2002, 31(2): 233-245.

[95] 吕一博,苏敬勤. 基于创新过程的中小企业创新能力评价研究[J]. 管理学报, 2009, 6(3): 331-337.

[96] 高月姣,吴和成. 创新主体及其交互作用对区域创新能力的影响研究[J]. 科研管理, 2015, 36(10): 51-57.

[97] 周文泳,项洋. 中国各省市区域创新能力关键要素的实证研究[J]. 科

研管理, 2015, 6(S1): 31-37.

[98] CHENG Y L, LIN Y H. Performance evaluation of technological innovation capabilities in uncertainty[J]. Procedia-Social and Behavioral Sciences, 2012, 40(3): 287-314.

[99] 杨昌辉, 邱立伟, 丁帅. 考虑专家偏好的创新型企业创新能力评价方法[J]. 运筹与管理, 2015, 24(1): 202-208.

[100] 符峰华, 尹正江, 唐纯武. 基于CL-TOPSIS法的我国高技术企业技术创新能力评价研究[J]. 科学管理研究, 2018, 36(3): 70-73.

[101] 徐辉, 刘俊. 广东省区域技术创新能力测度的灰色关联分析[J]. 地理科学, 2012, 32(9): 1075-1080.

[102] 陈战波, 朱喜安. 科技型中小企业持续创新能力评价体系研究[J]. 技术经济与管理研究, 2015(3): 32-36.

[103] HENG T. The empirical analysis of enterprise scientific and technological innovation capability[J]. Energy Procedia, 2011, 5(3): 1258-1263.

[104] 唐孝文, 相楠, 李雨辰. 低碳经济下北京现代制造业创新能力影响因素研究[J]. 科研管理, 2019, 40(7): 87-96.

[105] VALENTINE T. Understanding support for innovation in a large-scale change effort: The manager as instructor approach[J]. Human Resource Development Quarterly, 2010, 10(1): 63-77.

[106] 张军, 许庆瑞. 管理者认知特征与企业创新能力关系研究[J]. 科研管理, 2018, 39(4): 1-9.

[107] WANG J. Technology spillovers in the multinational outsourcing system and technological innovation in recipient countries[J]. Social Sciences in China, 2014, 35(2): 44-63.

[108] 李廉水, 张芊芊, 王常凯. 中国制造业科技创新能力驱动因素研究[J]. 科研管理, 2015, 36(10): 169-176.

[109] 李柏洲, 苏屹. 基于改进突变级数的区域科技创新能力评价研究

[J]. 中国软科学, 2012(6): 95-106.

[110] 杜丹丽, 曾小春. 速度特征视角的我国高新技术企业创新能力动态综合评价研究[J]. 科研管理, 2017, 38(7): 44-53.

[111] LIN Y H, TSENG M L, CHEN C C, et al. Positioning strategic competitiveness of green business innovation capabilities using hybrid method[J]. Expert Systems with Applications, 2011, 38(3): 1839-1849.

[112] 刘利平, 江玉庆, 李金生. 基于组合赋权法的企业技术创新能力评价[J]. 统计与决策, 2017(13): 176-179.

[113] AGLIETTA M, BRETON R. Financial systems, corporate control and capital accumulation[J]. Economy and Society, 2001, 30(4): 433-466.

[114] DAVIS L E. Financialization and the Non-financial corporation: An investigation of firm-level investment behavior in the United States[J]. Metroeconomica, 2018, 69(1): 270-307.

[115] DEMIR F. Financial liberalization, private investment and portfolio choice: Financialization of real sectors In emerging markets[J]. Journal of Development Economics, 2009, 88(2): 314-324.

[116] 张成思, 张步昙. 中国实业投资率下降之谜: 经济金融化视角[J]. 经济研究, 2016, 51(12): 32-46.

[117] 杜勇, 张欢, 陈建英. 金融化对实体企业未来主业发展的影响: 促进还是抑制[J]. 中国工业经济, 2017(12): 113-131.

[118] 文春晖, 李思龙, 郭丽虹, 等. 过度融资、挤出效应与资本脱实向虚: 中国实体上市公司2007—2015年的证据[J]. 经济管理, 2018, 40(7): 39-55.

[119] KLIMAN A, WILLIAMS S D. Why financialisation hasn't depressed US productive investment[J]. Cambridge Journal of Economics, 2014, 39

(1):67-92.

[120] 蔡中华,彭方志,方福康.金融部门投资转化率对资本积累的影响[J].北京师范大学学报(自然科学版),2001,4(1):43-45.

[121] 韩丹.股票市场发展对资本积累的增长效应研究:基于中国省际面板数据的实证分析[J].当代经济科学,2011,33(3):97-102,127.

[122] 金戈.中国基础设施资本存量估算[J].经济研究,2012,47(4):4-14.

[123] BJORNSKOV C. The multiple facets of social capital[J]. European Journal of Political Economy, 2006, 22(2):22-40.

[124] GOMEZ R, SANTOR E. Do peer group members outperform individual borrowers? A test of peer group lending using canadian microcredit data[R]. Bank of Canada Working Paper, 2003.

[125] 林南.社会资本:关于社会结构与行动的理论[M].上海:上海人民出版社,2005.

[126] 王春超,周先波.社会资本能影响农民工收入吗?基于有序响应收入模型的估计和检验[J].管理世界,2013(9):55-68,101.

[127] GEE K K, JASON J J, BARKE M. Social networks and labor markets: How strong ties relate to job finding on facebook's social network[J]. Journal of Labor Economics, 2016, 35(2):485-518.

[128] 刘传江.资本缺失与乡城流动人口的城市融合[J].人口与发展,2014,20(3):6-11.

[129] BANJO R, DOREN C, ROWENNA M C, et al. Human and social capital and environmental management in small firms: A developing country perspective[J]. Asian Journal of Business Ethics, 2017, 6(1):1-20.

[130] CZALLER L. Increasing social returns to human capital: Evidence from hungarian regions[J]. Regional Studies, 2017, 51(3):467-477.

[131] GLOMM G, KAGANOVICH M. Distributional effects of public education

in an economy with public pensions[J]. International Economic Review, 2003, 44(8): 917-937.

[132] 张同功, 张隆, 赵得志, 等. 公共教育支出、人力资本积累与经济增长: 区域差异视角[J]. 宏观经济研究, 2020(3): 132-144, 175.

[133] 陈维涛, 王永进, 李坤望. 地区出口企业生产率、二元劳动力市场与中国的人力资本积累[J]. 经济研究, 2014, 49(1): 83-96.

[134] CAVALCANTI T V, GIANNITSAROU C. Growth and human capital: A network approach[J]. Economic Journal, 2017, 127(603): 1279-1317.

[135] BERTINELLI L, ZOU B. Does urbanization foster human capital accumulation[J]. Journal of Developing Areas, 2008, 41(2): 171-184.

[136] 刘海英, 赵英才. 中国经济增长中人力资本积累的均衡性选择[J]. 中国软科学, 2005(9): 66-72.

[137] 郭东杰, 魏熙晔. 人力资本、收入分配与经济发展[J]. 中国人口科学, 2020(2): 97-110, 128.

[138] LONG N V, RIEZMAN R, SOUBEYRAN A. Trade, wage gaps and specific human capital accumulation[J]. Review of International Economics, 2007, 15(6): 75-92.

[139] 时慧娜. 中国城市化的人力资本积累效应[J]. 中国软科学, 2012(3): 117-127.

[140] 吉生保, 林雄立, 崔新健. 外资研发嵌入与人力资本形成: 人口迁移的作用[J]. 中央财经大学学报, 2020(2): 79-95.

[141] 汤向俊. 资本深化、人力资本积累与中国经济持续增长[J]. 世界经济, 2006(8): 57-64.

[142] 杜丽永. 资本积累与经济增长: 来自中国省际动态面板数据的发现[J]. 数量经济技术经济研究, 2011, 28(1): 35-50.

[143] 冷成英,匡绪辉.资本积累、经济结构非农化与投资率变化规律:基于中国 1996—2015 年省域面板数据的实证分析[J].江汉论坛,2019(12):5-12.

[144] ISHISE H, SAWADA Y. Aggregate returns to social capital: Estimates based on the augmented solow model[J]. Journal of Macroeconomics, 2009, 31(3): 376-393.

[145] 崔巍.社会资本、人力资本与经济增长:我国的经验数据[J].经济问题探索,2019(8):9-15.

[146] 梁双陆,刘燕,张利军.社会资本积累、创新与地区经济增长[J].经济与管理,2018,32(2):32-39.

[147] PUTNAM R D. Bowling Alone: the collapse and revival of American community [C]. ACM Conference on Computer Supported Cooperative Work. ACM, 2000.

[148] BARTOLINI S, BONATTI L. Endogenous growth, decline in social capital and expansion of market activities[J]. Journal of Economic Behavior and Organization, 2007, 67(3-4): 917-926.

[149] 梁超.制度变迁、人力资本积累与全要素生产率增长:基于动态面板和脉冲反应的实证研究[J].中央财经大学学报,2012(2):58-64,96.

[150] 李杏,侯佳妮.人力资本结构、创新与服务业企业 TFP:基于世界银行微观企业调查数据的实证研究[J].山西财经大学学报,2018,40(7):58-67.

[151] 徐常建.劳动收入份额、人力资本积累与全要素生产率[J].统计与决策,2020,36(9):63-67.

[152] 赵康杰,景普秋.资源依赖、资本形成不足与长期经济增长停滞:"资源诅咒"命题再检验[J].宏观经济研究,2014(3):30-42.

[153] 戴翔,刘梦.人才何以成为红利:源于价值链攀升的证据[J].中国

工业经济, 2018(4): 98-116.

[154] AKCOMAK I S, WEEL B T. Social capital, innovation and growth: Evidence from europe[J]. European Economic Review, 2009, 53(5): 544-567.

[155] 严成樑. 社会资本、创新与长期经济增长[J]. 经济研究, 2012, 47(11): 48-60.

[156] 赵善梅, 吴士炜. 基于空间经济学视角下的我国资本回报率影响因素及其提升路径研究[J]. 管理世界, 2018, 34(2): 68-79.

[157] SILVA F, CARREIRA C. Do financial constraints threat the linnovation process-evidence from portuguese firms[J]. Economics of Innovation and New Technology, 2011, 21(8): 701-736.

[158] 张浩然, 李广平. 马克思的技术进步和全要素生产理论研究[J]. 社科纵横, 2017, 32(1): 45-55.

[159] 任力. 经济增长中的技术进步机制: 基于理路变迁的研究[M]. 上海: 上海社会科学院出版社, 2014.

[160] 魏枫. 资本积累、技术进步与中国经济增长路径转换[J]. 中国软科学, 2009(3): 39-45, 88.

[161] 赵志耘, 吕冰洋, 郭庆旺, 等. 资本积累与技术进步的动态融合: 中国经济增长的一个典型事实[J]. 经济研究, 2007(11): 18-31.

[162] AGHION P, HOWITT P. Capital, innovation and growth accounting[J]. Oxford Review of Economic Policy, 2007, 23(1): 79-93.

[163] CARAGLIU A, NIJKAMP P. Cognitive capital and islands of innovation: The lucas growth model from a regional perspective[J]. Regional Studies, 2014, 48(4): 624-645.

[164] 王昊, 王昱, 夏君诺, 等. 中国劳动生产率增长的再分解及国际经验比较[J]. 科学学研究, 2017, 35(8): 1188-1197.

[165] 陈俊. 技术进步偏向、要素累积与中国经济增长动力构成: 基于一种

新的非参数分解方法的实证研究[J]. 华中科技大学学报(社会科学版), 2018, 32(2): 76-86.

[166] 孔宪丽, 米美玲, 高铁梅. 技术进步适宜性与创新驱动工业结构调整: 基于技术进步偏向性视角的实证研究[J]. 中国工业经济, 2015(11): 62-77.

[167] 柳卸林, 高雨辰, 丁雪辰. 寻找创新驱动发展的新理论思维: 基于新熊彼特增长理论的思考[J]. 管理世界, 2017(12): 8-19.

[168] 何国华, 商登. 中国各地区自主创新融资渠道比较研究[J]. 技术经济, 2012, 31(10): 38-46.

[169] 何国华, 彭世军. 湖北省企业自主创新的融资支持效率研究[J]. 科技进步与对策, 2012, 29(9): 43-46.

[170] 鞠晓生. 中国上市企业创新投资的融资来源与平滑机制[J]. 世界经济, 2013, 36(4): 138-159.

[171] 金玉石. 基于灰色关联模型的省域技术创新能力测度[J]. 统计与决策, 2019, 35(4): 59-62.

[172] 盖凯程. 引导民间资本融入创新创业[J]. 财经科学, 2015(12): 5-7.

[173] 罗洎, 王莹. 民间投资、技术创新与经济增长[J]. 中南财经政法大学学报, 2013(4): 57-62.

[174] 李健, 卫平. 民间金融、城市化与创新能力实证[J]. 中国人口·资源与环境, 2015, 25(2): 152-159.

[175] 武力超, 孙梦暄, 张晓东. 关系型贷款与企业创新问题的研究: 基于Heckman两阶段选择模型的分析[J]. 经济科学, 2015(1): 66-78.

[176] SYED A A T, KAMEL F. Exploring the relationships of strategic entrepreneurship and social capital to sustainable supply chain management and organizational performance[J]. International Journal of Productivity and Performance Management, 2018, 67(9): 2046-2070.

[177] 韦影. 企业社会资本与技术创新：基于吸收能力的实证研究[J]. 中国工业经济, 2007, 15(9): 119-127.

[178] 林筠, 刘伟, 李随成. 企业社会资本对技术创新能力影响的实证研究[J]. 科研管理, 2011, 32(1): 35-44.

[179] RODRIGO-ALARCÓN J, GARCÍA-VILLAVERDE P M, RUIZ-ORTEGA M J. From social capital to entrepreneurial orientation: The mediating role of dynamic capabilities[J]. European Management Journal, 2017, 1(2): 1-15.

[180] 彭晖, 张嘉望, 李博阳. 社会资本、正式制度与地区技术创新：基于2000—2009年省级面板数据的分析[J]. 商业研究, 2017(7): 67-73.

[181] 陈乘风, 许培源. 社会资本内生化的技术创新与经济增长模型[J]. 宏观经济研究, 2017(9): 98-106.

[182] 王淑敏, 王涛. 积累社会资本何时能提升企业自主创新能力：一项追踪研究[J]. 南开管理评论, 2017, 20(5): 131-143.

[183] 黄宇虹, 捷梦吟. 关系、社会资本与小微企业创新[J]. 科研管理, 2018, 39(11): 27-39.

[184] SCHUMPETER J A, OPIE R, HANSEN A H. The theory of economic development[J]. Journal of Political Economy, 2003(1): 61-166.

[185] FREEMAN C. The Economics of Industrial Innovation[M]. London: Frances Pinter, 2013.

[186] GUAN J, MA N. Innovative capability and export performance of Chinese firms[J]. Technovation, 2003, 23(9): 737-747.

[187] TURA T, HARMAAKORPI V. Social capital in building regional innovative capability[J]. Regional Studies, 2005, 39(8): 1111-1125.

[188] 张军, 许庆瑞, 张素平. 企业创新能力内涵、结构与测量：基于管理认知与行为导向视角[J]. 管理工程学报, 2014, 28(3): 1-10.

[189] ZOLLO M, WINTER S. Deliberate learning and the evolution of dynamic capabilities[J]. Organization Science, 2002, 13(3): 339-351.

[190] JESÚS P O, JAVIER G B, JESÚS G. Total quality management as a forerunner of business innovation capability[J]. Technovation, 2006, 26(10): 1170-1185.

[191] LALL S. Technological capabilities and industrialization[J]. World Development, 1992, 20(2): 165-186.

[192] MEYER M H, UTTERBACK J, JAMES M. The product family and the dynamics of core capability[J]. Sloan Management Review, 1993, 34(3): 29-47.

[193] 戴布拉·艾米顿. 知识经济的创新战略: 智慧的觉醒[M]. 北京: 新华出版社, 1998.

[194] BARTON D L. Core capability and core rigidities: A paradox in managing new product development[J]. Strategic Management Journal, 2010, 13(1): 111-125.

[195] TOMLINSON P R. Strong ties, substantive embeddedness and innovation: Exploring differences in the innovation performance of small and medium sized firms in UK manufacturing[J]. Knowledge & Process Management, 2011, 18(2): 95-108.

[196] 王伟强. 技术创新研究新思维: 组合创新研究[J]. 科学管理研究, 1996(5): 15-18.

[197] 侯先荣, 吴弈湖. 企业创新管理理论与实践[M]. 北京: 电子工业出版社, 2003.

[198] 曹永峰, 陈剑峰. 区域创新能力提升与人才战略[J]. 商业时代, 2005(2): 49-57.

[199] 厉以宁. 厉以宁经济史论文选[M]. 北京: 商务印书馆, 1993.

[200] 吴雷, 陈伟. 基于 DEA 的装备制造业技术创新能力的评价研究[J]. 科技管理研究, 2009, 29(6): 45-46, 61.

[201] 陈红梅. 基于 AHP 和 DEA 的装备制造业行业技术创新能力综合评价[J]. 企业经济, 2009(3): 117-119.

[202] 高巍, 毕克新. 制造业企业信息化水平与工艺创新能力互动关系实证研究[J]. 科学学与科学技术管理, 2014, 35(8): 96-103.

[203] 张晓明. 基于粗糙集-AHM 的装备制造业企业创新能力评价指标权重计算研究[J]. 中国软科学, 2014(6): 151-158.

[204] 许晖, 张海军. 制造业企业服务创新能力构建机制与演化路径研究[J]. 科学学研究, 2016, 34(2): 298-311.

[205] 余明桂, 范蕊, 钟慧洁. 中国产业政策与企业技术创新[J]. 中国工业经济, 2016(12): 5-22.

[206] 陈昀, 贺远琼, 周琪. 基于用户需求链的制造企业服务创新研究[J]. 管理世界, 2018, 34(12): 184-185.

[207] 张华胜. 中国制造业技术创新能力分析[J]. 中国软科学, 2006(4): 15-23.

[208] 孙晓华, 李传杰. 有效需求规模、双重需求结构与产业创新能力: 来自中国装备制造业的证据[J]. 科研管理, 2010, 31(1): 93-103.

[209] 孔伟杰. 制造业企业转型升级影响因素研究: 基于浙江省制造业企业大样本问卷调查的实证研究[J]. 管理世界, 2012(9): 120-131.

[210] 杨晓云. 进口中间产品多样性与企业产品创新能力: 基于中国制造业微观数据的分析[J]. 国际贸易问题, 2013(10): 23-33.

[211] 翟胜宝, 王菌, 陆正飞. 金融生态环境和企业创新能力: 基于中国制造业的经验数据[J]. 经济与管理研究, 2015, 36(7): 53-59.

[212] 林峰. 所有制类型与创新能力差异的测度比较: 基于中国汽车零部件及配件制造业上市公司的微观数据[J]. 科技管理研究, 2017, 37(2): 1-6.

[213] 任海云, 冯根福. 附属企业集团的上市公司技术创新能力更强吗：来自中国制造业上市公司的经验证据[J]. 中国软科学, 2018(9)：130-137.

[214] 翟胜宝, 许浩然, 唐玮, 等. 银行关联与企业创新—基于我国制造业上市公司的经验证据[J]. 会计研究, 2018(7)：50-56.

[215] 张瑞君, 徐鑫, 王超恩. 大股东股权质押与企业创新[J]. 审计与经济研究, 2017, 32(4)：63-73.

[216] 余维臻, 周翼翔. 制造企业服务创新能力形成机制研究：渠道的作用[J]. 科研管理, 2017, 38(3)：18-28.

[217] 纪慧生, 姚树香. 制造企业技术创新与商业模式创新协同演化：一个多案例研究[J]. 科技进步与对策, 2019, 36(3)：90-97.

[218] 李溪, 郑馨, 张建琦. 制造企业的业绩困境会促进创新吗：基于期望落差维度拓展的分析[J]. 中国工业经济, 2018(8)：174-192.

[219] 张军. 资本形成、工业化与经济增长：中国的转轨特征[J]. 经济研究, 2002(6)：3-13, 93.

[220] 姚战琪, 夏杰长. 资本深化、技术进步对中国就业效应的经验分析[J]. 世界经济, 2005(1)：58-67.

[221] 殷醒民. 资本积累与长江三角洲先进制造业"资本深化"的方向性转变[J]. 学习与实践, 2010(11)：10-20.

[222] 于漫. 互联网平台经济促进制造业资本积累的政治经济学分析[D]. 北京：清华大学, 2017.

[223] D'UVA M, SIANO R. Human capital and club convergence in Italian regions[J]. Economics Bulletin, 2007, 18(1)：365-384.

[224] 王美红, 孙根年, 康国栋. 我国自然资本、人力资本与经济资本的空间错位分析[J]. 科学学研究, 2009, 27(1)：59-65.

[225] 刘明, 赵彦云. 基于投入要素的中国制造业省域空间溢出效应：测度与实证[J]. 数理统计与管理, 2018, 37(1)：122-134.

[226] 吴继贵,叶阿忠,张月玲.资本积累的空间溢出效应研究[J].系统工程学报,2018,33(3):308-319.

[227] 张越佳,张磊.中国三大不同类型投资与经济增长关系的模型分析[J].世界经济研究,2004,2(8):10-14.

[228] 张其仔,李蕾.制造业转型升级与地区经济增长[J].经济与管理研究,2017,38(2):97-111.

[229] 陈汝影,余东华.资本深化、技术进步偏向与中国制造业产能利用率[J].经济评论,2019,1(3):3-17.

[230] SONG H, LIU Z, JIANG P. Analysis the determinants of China's aggregate investment in the reform period[J]. China Economic Review, 2001(12):227-242.

[231] 袁富华,李义学.中国制造业资本深化和就业调整:基于利润最大化假设的分析[J].经济学(季刊),2008,8(1):197-210.

[232] 宋锦,李曦晨.行业投资、劳动力技能偏好与产业转型升级[J].世界经济,2019,42(5):145-167.

[233] XU F J, MA L N, LI X Y, et al. Capital enrichment, innovation capability and environmental pollution effect: Evidence from China's manufacturing industry[J]. Nature Environment and Pollution Technology, 2020, 19(3):421-428.

[234] CIPRIANI M, GUARINO A. Estimating a structural model of herd behavior in financial markets[J]. American EconomicReview, 2014, 104(1):224-251.

[235] LEECE R D, WHITE T P. The effects of firms' information environment on analysts' herding behavior[J]. Review of Quantitative Finance & Accounting, 2017, 48(2):1-23.

[236] GARG S. Evidence of information asymmetry and herding behaviour: The Swiss franc unpegging event in perspective[J]. Journal of Business

Management, 2020, 19(3): 59-77.

[237] SCHARFSTEIN D S, STEIN J C. Herd behavior and investment[J]. The American Economic Review, 1990, 80(3): 465-479.

[238] AN X, CORDELL L, NICHOLS J B. Reputation, information, and herding in credit ratings: Evidence from CMBS[J]. The Journal of Real Estate Finance and Economics, 2020, 61(3): 476-504.

[239] MAUG E, NAIK N. Herding and delegated portfolio management[J]. The Accounting Review, 1995, 26(4): 113-120.

[240] ADAM S. The wealth of nations[M]. New York: Penguin Random House, 2004.

[241] DAS S, MOURMOURAS A, RANGAZAS P C. Neoclassical growth theory [M]. Switzerland: Springer International Publishing, 2015.

[242] 钱学锋, 熊平. 李嘉图比较优势、特惠贸易安排与产业集聚[J]. 经济学, 2009, 8(3): 769-786.

[243] 马慈和. 赫克歇尔经济史方面的研究成果[J]. 世界经济, 1990(5): 20-23.

[244] 马克思. 资本论(第三卷)[M]. 北京: 人民出版社, 2004.

[245] 万悦, 孙巍, 盖国凤. 生产资源配置的有效性研究[J]. 工业技术经济, 1997(5): 19-21.

[246] 陈英. 技术创新与经济增长[J]. 南开经济研究, 2004(5): 36-39, 44.

[247] 肖磊. 产品创新: 理论和应用研究[D]. 成都: 西南财经大学, 2014.

[248] MARK F, JACK S. The long run relationship between productivity and capital[J]. Economics Letters, 2000, 69(2): 213-217.

[249] 李晓钟, 张小蒂. 外商直接投资对我国技术创新能力影响及地区差异分析[J]. 中国工业经济, 2008(9): 77-87.

[250] 李长青, 周伟铎, 姚星. 我国不同所有制企业技术创新能力的行业比

较[J]. 科研管理, 2014, 35(7): 75-83.

[251] 徐立平, 姜向荣, 尹翀. 企业创新能力评价指标体系研究[J]. 科研管理, 2015, 36(S1): 122-126.

[252] TEBALDI E, ELMALIE B. Does institutional quality impact innovation? Evidence from cross-country patent grant data[J]. Applied Economics, 2013, 45(7): 887-900.

[253] HALL B H, HARHOFF D. Recent research on the economics of patents [J]. Annual Review of Economics, 2012, 4(1): 541-565.

[254] LI W, ZHENG M. Is it substantive innovation or strategic innovation?: Impact of macroeconomic policies on micro-enterprises' innovation [J]. Economic Research Journal, 2016, 1(4): 60-73.

[255] 张治河, 王艳伟, 阎亮, 等. 上市公司创新能力评价研究: 来自陕西省41家上市公司的数据[J]. 科研管理, 2016, 31(3): 81-92.

[256] CONNIE Z. The inner circle of technology innovation: A case study of two Chinese firms[J]. Technological Forecasting & Social Change, 2014, 82(1): 140-148.

[257] XU F J, MA L N, LIUNATA L, et al. Does social responsibility increase corporate value of China's coal enterprises? The mediating effect of capital enrichment based on the generalized moment estimation[J]. Acta Montaistica Slovaca, 2020, 25(3): 274-288.

[258] HEKKERT M P, SUURS R A, NEGRO S O, et al. Functions of innovation systems: A new approach for analysing technological change [J]. Technological Forecasting and Social Change, 2007, 74(4): 413-432.

[259] SCHUMPETER J A. The theory economic development[M]. Cambridge: Harford University Press, 1912.

[260] 陈颖, 王怡, 武博. 基于RJVs模式的区域创新主体整合研究[J]. 产

业经济研究,2013,2(11):96-102.

[261] CLEMENS B W, DOUGLAS T J. Understanding strategic responses to institutional pressures[J]. Journal of Business Research, 2005, 58(9): 1205-1213.

[262] XU F J, MA L N, LI X Y, et al. Interaction mechanism between sustainable innovation capability and capital stock: Based on PVAR model [J]. Journal of Intelligent and Fuzzy Systems, 2020, 38(6): 7009-7025.

[263] JEFFREY W. Financial markets and the allocation of capital[J]. Journal of Financial Economics, 2001, 58(1): 187-214.

[264] 陆菁,刘毅群.要素替代弹性、资本扩张与中国工业行业要素报酬份额变动[J].世界经济,2016,39(3):118-143.

[265] MADSEN J B. Growth and capital deepening since 1870: Is it all technological progress? [J]. Journal of Macroeconomics, 2009, 32(2): 641-656.

[266] BERGER A N, UDELL G F. Collateral, loan quality and bank risk [J]. Journal of Monetary Economics, 1990, 25(1): 21-42.

[267] HALL B H, LERNER J. The financing of R&D and innovation[M]. North-Holland: Handbook of the Economics of Innovation, 2010: 609-639.

[268] 姜军,申丹琳,江轩宇,等.债权人保护与企业创新[J].金融研究,2017(11):128-142.

[269] FURMAN J L, HAYES R. Catching up or standing still? National innovative productivity among follower countries, 1978-1999 [J]. Research Policy, 2004, 33(9): 1329-1354.

[270] LAURSEN K, MASCIARELLI F, PRENCIPE A. Regions matter: How localized social capital affects innovation and external knowledge acquisition

[J]. Organization Science, 2012, 23(1): 177-193.

[271] 余东华, 张鑫宇, 孙婷. 资本深化、有偏技术进步与全要素生产率增长[J]. 世界经济, 2019, 42(8): 50-71.

[272] 苏杭, 郑磊, 牟逸飞. 要素禀赋与中国制造业产业升级: 基于 WIOD 和中国工业企业数据库的分析[J]. 管理世界, 2017(4): 70-79.

[273] MACHO S I, PEREZ C D. Optional enforcement policy and firms' emissions and compliance with environmental taxes [J]. Journal of Environmental Economics and Management, 2004, 51(1): 110-131.

[274] 吴敬琏. 中国增长模式抉择[M]. 上海: 上海远东出版社, 2006.

[275] 唐雪松, 周晓苏, 马如静. 政府干预、GDP 增长与地方国企过度投资[J]. 金融研究, 2010(8): 99-112.

[276] 郑若谷. 产业聚集、增长动力与地区差距: 入世以来我国制造业的实证分析[J]. 经济管理, 2010, 31(12): 22-30.

[277] FALK M. R&D spending in the high-tech sector and economic growth [J]. Research in Economics, 2007, 61(3): 140-147.

[278] ZHANG X, LIU C. Research on innovation knowledge spillover effect of China's high-tech industry R&D: Base on multidimensional spatial weight matrices [J]. Journal of Advanced Computational Intelligence & Intelligent Informatics, 2018, 22(4): 437-447.

[279] 阳立高, 龚世豪, 王铂, 等. 人力资本、技术进步与制造业升级[J]. 中国软科学, 2018(1): 138-148.

[280] 张峰, 薛惠锋, 史志伟. 资源禀赋、环境规制会促进制造业绿色发展? [J]. 科学决策, 2018, 250(5): 65-83.

[281] KOEBEL B M, LEVET A L, NGUYEN-VAN P, et al. Productivity, resource endowment and trade performance of the wood product sector [J]. Journal of Forest Economics, 2016, 2(22): 24-35.

[282] RYZHENKOV M. Resource misallocation and manufacturing productivity:

The case of Ukraine[J]. Journal of Comparative Economics, 2016, 2(1): 41-55.

[283] 李国学, 张宇燕. 资产专用性投资、全球生产网络与我国产业结构升级[J]. 世界经济研究, 2010(5): 3-6.

[284] 樊潇彦. 中国工业资本收益率的测算与地区、行业结构分析[J]. 世界经济, 2004(5): 49-58.

[285] FRIEDMANN J. Regional development policy. A Case study of venezuelaby[M]. Cambridge: MIT Press, 1966.

[286] WEBBER M. Rates of profit and interregional flows of capital[J]. Annals of the Association of American Geographers, 2015, 77(1): 63-75.

[287] ABERNATHY W J, UTTERBACK J M. Patterns of industrial innovation[J]. Technology Review, 1978, 80(7): 40-47.

[288] 张杰, 黄泰岩, 芦哲. 中国企业利润来源与差异的决定机制研究[J]. 中国工业经济, 2011(1): 27-37.

[289] 刘海洋, 汤二子. 中国制造业企业利润来源及其作用: 2005—2008[J]. 科学学与科学技术管理, 2012, 33(3): 140-148.

[290] SOHRABJI N. Capital inflows and real exchange rate misalignment: The Indian experience[J]. Indian Journal of Economics & Business, 2011, 10(4): 407-423.

[291] BO H. Herding in corporate investment: UK evidence[Z]. Department of Financial and Management Studies, SOAS, University of London, 2006, 1(20): 101-116.

[292] BRATTEN B, PAYNE J L, THOMAS W B. Earnings management: Do firms play "Follow the Leader"?[J]. Contemporary Accounting Research, 2016, 33(2): 616-643.

[293] HAYEK F A. The use of knowledge in society[J]. American Economic Review, 2005, 35(4): 519-530.

[294] MALKIEL B G, FAMA E F. Efficient capital markets: A review of theory and empirical work[J]. Journal of Finance 1970, 25(2): 383-417.

[295] 董志勇, 韩旭. 基于 GCAPM 的羊群行为检测方法及中国股市中的实证依据[J]. 金融研究, 2007, 5(A): 108-117.

[296] 许年行, 于上尧, 伊志宏. 机构投资者羊群行为与股价崩盘风险[J]. 管理世界, 2013(7): 31-43.

[297] BENSAIDA A, JIASSI M, LITIMI H. Volume – herding interaction in the American market[J]. American Journal of Finance and Accounting, 2015, 4(1): 50-69.

[298] CAMARA O. Industry herd behaviour in financing decision making [J]. Journal of Economics and Business, 2017, 94(11): 32-42.

[299] 朱菲菲, 李惠璇, 徐建国, 等. 短期羊群行为的影响因素与价格效应: 基于高频数据的实证检验[J]. 金融研究, 2019(7): 191-206.

[300] CHRISTOFFERSEN S, TANG Y. Institutional herding and information cascades: Evidence from daily trades[J]. SSRN Electronic Journal, 2010: No. 1572726.

[301] PUCKETT A, YAN X S. The interim trading skills of institutional investors[J]. Journal of Finance, 2011, 66(2): 601-633.

[302] BOYSON N M. Implicit incentives and reputational herding by hedge fund managers[J]. Journal of Empirical Finance, 2010, 17(3): 283-299.

[303] JENNIFER H, CLEMENS S, HANJIANG Z. Risk shifting and mutual fund performance[J]. Review of Financial Studies, 2011, 24(8): 2575-2616.

[304] 申明浩, 宋剑波. 基于报酬合约的经理人羊群行为研究[J]. 经济学 (季刊), 2008(3): 244-259.

[305] FROOT K, TEO M. Style investing and institutional investors[J]. Journal

of Financial and Quantitative Analysis, 2008, 43(4): 883-906.

[306] 顾荣宝, 蒋科学. 深圳股票市场的羊群行为及其演化: 基于一个改进的 CCK 模型[J]. 南方经济, 2012, 1(10): 135-145.

[307] 陈显明. 中国开放式基金在行业层面的羊群效应研究[J]. 现代商业, 2019 (10): 84-86.

[308] GALARIOTIS E C, KROKIDA S I, SPYROU S I. Bond market investor herding: Evidence from the european financial crisis[J]. International Review of Financial Analysis, 2016, 48(12): 367-375.

[309] VO X V, PHAN D, BAO A. Herding and equity market liquidity: Evidence from Vietnam[J]. Journal of Behavioral and Experimental Finance, 2019, 24. No. 100189.

[310] VILLATORO F. The delegated portfolio management problem: Reputation and herding[J]. Journal of Banking and Finance, 2009, 33(11): 2062-2069.

[311] BROWN N C, WEI K D, WERMERS R. Analyst recommendations, mutual fund herding, and overreaction in stock prices[J]. Management Science, 2014, 60(1): 1-20.

[312] LI W, RHEE G, WANG S S. Differences in herding: Individual VS. institutional investors[J]. Pacific Basin Finance Journal, 2017, 45(10): 174-185.

[313] DEMIRER R, KUTAN A M. Does herding behavior exist in Chinese stock markets? [J]. Journal of International Financial Markets Institutions & Money, 2006, 16(2): 123-142.

[314] 王宗润, 潘城城. 基于动态无标度网络的信息策略与羊群行为演化研究[J]. 中国管理科学, 2018, 26(12): 66-77.

[315] MCKENZIE D, ASSAF N, CUSOLITO A P. The additionality impact of a matching grant programme for small firms: Experimental evidence from

Yemen[J]. Journal of Development Effectiveness, 2017, 9(1): 1-14.

[316] SCHEINKMAN J A, XIONG W. Over confidence and speculative bubbles [J]. Journal of Political Economy, 2003, 111(6): 1183-1220.

[317] SIAS R W. Institutional herding[J]. Review of Financial Studies, 2004, 17(1): 165-206.

[318] COLEMAN J F, BLAKE R R, MOUTON J S. Task difficulty and conformity pressures. [J]. Journal of Abnormal & Social Psychology, 1958, 57(1): 120-122.

[319] FANG E. The effect of strategic alliance knowledge complementarity on new product innovativeness in China[J]. Organization Science, 2011, 22(1): 158-172.

[320] CHIANG T C, LI J, TAN L. Empirical investigation of herding behavior in Chinese stock markets: Evidence from quartile regression analysis [J]. Global Finance Journal, 2010, 21(1): 111-124.

[321] CHRISTIE W G, HUANG R D. Following the pied piper: Do individual returns herd around the market? [J]. Financial Analysts Journal, 1995, 51(4): 31-37.

[322] SHANTHA K V A. The evolution of herd behavior: Will herding disappear over time? [J]. Studies in Economics and Finance, 2019, 36(4): 637-661.

[323] HOWITT P. Endogenous growth theory [M]. Cambridge: MIT Press, 1998.

[324] SALINAS - JIMÉNEZ M M, ALVAREZ - AYUSO I, DELGADO - RODRÍGUEZ MA JESÚS. Capital accumulation and TFP growth in the EU: A production frontier approach [J]. Journal of Policy Modeling, 2006, 28(2): 195-205.

[325] KOSE M A, PRASAD E S, TERRONES M E. Does openness to

international financial flows raise productivity growth?[J]. Journal of International Money and Finance, 2009, 28(4): 554-580.

[326] 张军, 陈诗一, GARY H J. 结构改革与中国工业增长[J]. 经济研究, 2009, 44(7): 4-20.

[327] 杨畅, 庞瑞芝. 契约环境、融资约束与"信号弱化"效应: 基于中国制造业企业的实证研究[J]. 管理世界, 2017(4): 60-69.

[328] 钱雪松, 康瑾, 唐英伦, 等. 产业政策、资本配置效率与企业全要素生产率: 基于中国2009年十大产业振兴规划自然实验的经验研究[J]. 中国工业经济, 2018(8): 44-61.

[329] 刘海云, 聂飞. 中国制造业对外直接投资的空心化效应研究[J]. 中国工业经济, 2015(4): 83-96.

[330] HSIEH C T, KLENOW P J. Misallocation and manufacturing TFP in China and India[J]. The Quarterly Journal of Economics, 2009, 124(4): 1403-1448.

[331] 杨汝岱. 中国制造业企业全要素生产率研究[J]. 经济研究, 2015, 50(2): 61-74.

[332] 吴建新. 技术、效率、资本积累与中国地区发展差异[J]. 数量经济技术经济研究, 2009, 26(11): 28-38.

[333] RAFFAELLO B, PAOLO P. Determinants of long-run regional productivity with geographical spillovers: The role of R&D, human capital and Public Infrastructure[J]. Regional Science and Urban Economics, 2009, 39(2): 187-199.

[334] 张先锋, 丁亚娟, 王红. 中国区域全要素生产率的影响因素分析: 基于地理溢出效应的视角[J]. 经济地理, 2010, 30(12): 1955-1960.

[335] 许可. 中国企业资本配置效率研究[D]. 武汉: 武汉理工大学, 2010.

[336] 金刚, 于斌斌, 沈坤荣. 中国研发全要素生产率的溢出效应[J]. 科

研管理, 2016(1): 68-76.

[337] KALE S, RATH B. Does innovation matter for total factor productivity growth in India? Evidence from ARDL bound testing approach[J]. International Journal of Emerging Markets, 2018, 13(5): 1311-1329.

[338] 周璇, 陶长琪. 要素空间集聚、制度质量对全要素生产率的影响研究[J]. 系统工程理论与实践, 2019, 39(4): 1051-1066.

[339] LAURSEN K, MASCIARELLI F, PRENCIPE A. Regions matter: How localized social capital affects innovation and external knowledge acquisition[J]. Organization Science, 2012, 23(1): 177-193.

[340] SONI S, SUBRAHMANYA M. Empirical study of industrial classification, structure, and factor intensity: An enquiry into dwindling labor intensity in a labor-surplus economy[J]. Emerging Economy Studies, 2020, 6(1): 201-213.

[341] 张若雪, 袁志刚. 技术创新能力、金融市场效率与外部经济失衡[J]. 金融研究, 2010(12): 57-66.

[342] 苏洪, 刘渝琳. 制约全要素生产率增长的潜路径影响分析[J]. 管理世界, 2015(1): 167-168.

[343] 成力为, 孙玮. 自主创新能力缺失下产业资本配置低效及影响因素分析: 以制造业为例的实证研究[J]. 中国软科学, 2009(2): 38-45.

[344] GIANNETTI M, LIAO G, YU X. The Brain Gain of Corporate Boards: Evidence from China[J]. Journal of Finance, 2015, 70(4): 1629-1682.

[345] KOHLI U. A gross national product function and the derived demand for imports and supply of exports[J]. Canadian Journal of Economics, 1978, 11(2): 167-182.

[346] 陈丰龙, 徐康宁. 本土市场规模与中国制造业全要素生产率[J]. 中国工业经济, 2012(5): 44-53.

[347] WANG Q. Fixed-effect panel threshold model using stata[J]. Stata

Journal, 2015, 15(65): 121-134.

[348] 侯晓辉, 李婉丽, 王青. 所有权、市场势力与中国商业银行的全要素生产率[J]. 世界经济, 2011, 34(2): 135-157.

[349] BECK T, LEVINE R, LOAYZA N. Finance and the sources of growth[J]. Journal of Financial Economics, 2000, 58(1-2): 261-300.

[350] BROWN M G, SVENSON R A. Measuring R&D Productivity[J]. Research Tech-nology Managemen, 1988, 41(6): 30-35.

[351] ANDERSSON M, KARLSSON C. Regional innovation systems in small and medium-sized regions[C]. Berlin: International Conference on Optical Fiber Communication Conference, 2006.

[352] MA L N, XU F X, YU Y B. Evaluation of financing efficiency of listed companies in photovoltaic industry based on DEA model[J]. Light and Engineering, 2017, 25(3): 71-78.

[353] 潘越, 王宇光, 许婷. 社会资本、政府干预与区域资本配置效率: 来自省级工业行业数据的证据[J]. 审计与经济研究, 2018, 30(5): 87-96.

[354] 彭镇华, 习明明. 金融结构、外商直接投资与资本配置效率: 基于金融供给侧结构性改革视角[J]. 深圳大学学报(人文社科版), 2018, 35(2): 53-64.

[355] GUISO L, SAPIENZA P, ZINGALES L. The role of social capital in financial development[J]. American Economic Review, 2004, 94(3): 526-556.

[356] ALLEN F, QIAN J, QIAN M. Law, finance, and economic growth in China[J]. Journal of Financial Economics, 2005, 77(1): 57-116.

[357] 崔巍. 我国区域金融发展的差异性研究: 基于社会资本的视角[J]. 经济学动态, 2013(3): 89-94.

[358] 李延凯, 韩廷春. 金融生态演进作用于实体经济增长的机制分析: 透过资本配置效率的视角[J]. 中国工业经济, 2011(2): 26-35.

[359] 于文超, 何勤英. 投资者保护、政治联系与资本配置效率[J]. 金融研究, 2013(5): 156-170.

[360] 李海风. 中国资本配置效率的若干影响因素研究[D]. 北京: 对外经济贸易大学, 2014.

[361] 吴永钢, 赵航, 卜林. 中国金融体系内极端风险溢出关系研究[J]. 南开经济研究, 2019(5): 98-121.

[362] 范硕, 李俊江. 中国金融发展提高了资本产出效率吗: 实证检验与理论解释(1981~2009)[J]. 经济管理, 2012, 34(10): 33-40.

[363] 陈艳利, 乔菲, 孙鹤元. 资源配置效率视角下企业集团内部交易的经济后果: 来自中国资本市场的经验证据[J]. 会计研究, 2014(10): 30-37, 96.

[364] 陈祖华, 高燕. 江苏省金融市场发展对资本配置效率影响的实证研究[J]. 华东经济管理, 2018, 32(3): 28-33.

[365] 宗慧隽, 李真. 最低工资标准、劳动力市场分割与资源配置效率[J]. 产业经济研究, 2020(4): 74-89.

[366] BARTELSMAN E J, HALTIWANGER J C, SCARPETTA S. Cross-country differences in productivity: The role of allocation and selection[J]. American Economic Review, 2013, 103(1): 305-334.

[367] 祝平衡, 王秀兰, 李世刚. 政府支出规模与资源配置效率: 基于中国工业企业数据的经验研究[J]. 财经理论与实践, 2018, 39(2): 95-100.

[368] 聂辉华, 贾瑞雪. 中国制造业企业生产率与资源误置[J]. 世界经济, 2011(7): 29-44.

[369] 李艳, 杨汝岱. 地方国企依赖, 资源配置效率改善与供给侧改革[J]. 经济研究, 2018, 53(2): 80-94.

[370] 林敢, 陈廷贵. 对外直接投资对行业资源配置效率的影响: 以农业加工产业为例[J]. 世界经济研究, 2020(7): 46-59.

[371] 成力为, 孙玮, 孙雁泽. 地方政府财政支出竞争与区域资本配置效率: 区域制造业产业资本配置效率视角[J]. 公共管理学报, 2009, 6(2): 29-36.

[372] 李锦旋, 尹宗成. 中国高技术产业资本配置效率影响因素分析: 基于行业特征视角[J]. 广西财经学院学报, 2015, 28(4): 17-21.

[373] 陈创练, 庄泽海, 林玉婷. 金融发展对工业行业资本配置效率的影响[J]. 中国工业经济, 2016(11): 22-38.

[374] 刘赣州. 资本市场与资本配置效率: 基于中国的实证分析[J]. 当代经济研究, 2003(11): 69-72.

[375] WINTOKI M B, LINCK J S, NETTER J M. Endogeneity and the dynamics of internal corporate governance [J]. Journal of Financial Economics, 2012, 105(3): 298-310.

[376] ARELLANO M, BOND S. Some tests of specification for panel data: Monte Carlo evidence and an application to employment equations [J]. Review of Economic Studies, 1991, 58(2): 277-297.

[377] CHE Y, LU Y, TAO Z G, et al. The impact of income on Democracy Revisited [J]. Journal of Comparative Economics, 2013, 41(1): 159-169.

[378] Walsh J R. Capital concept applied to man [J]. Quarterly Journal of Economics, 1935, 49(2): 255-285.